# ALBERTO LORI

# L'ARTE DELLA COMUNICAZIONE

## Per Comunicare in Maniera Efficace, Convincente e senza Stress

Titolo

"L'ARTE DELLA COMUNICAZIONE"


Autore

Alberto Lori


Editore

Bruno Editore


Sito internet

http://www.brunoeditore.it

# Sommario

# INTRODUZIONE

Pssst… amico, ascoltami. So che fra una settimana dovrai parlare davanti ad un pubblico. Non ho capito bene se in una riunione di condominio o davanti al tuo consiglio d'amministrazione o in una riunione di redazione oppure hai un messaggio, un progetto o semplicemente un'idea geniale da comunicare a un gruppo di gente, non importa se a quattro gatti o a una folla oceanica, tanto è lo stesso. Posso immaginare come ti senti già adesso.

Soltanto visualizzandoti davanti al pubblico, provi la sensazione di un fastidioso sfarfallio nello stomaco, hai il battito del cuore accelerato, ti senti soffocare, hai la salivazione azzerata, tremi e sudi freddo.

Ti sei mai chiesto perché accade tutto questo? Eppure, in passato non è mai accaduto nulla di tanto disastroso da incuterti una tale ansia, diciamo pure una tale paura, da immaginarti gli scenari più catastrofici per la tua esibizione in pubblico. Sembra paradossale ma è così: **la paura di parlare in pubblico, secondo una**

**statistica americana, è seconda soltanto alla paura della morte**. Non è un'esagerazione, come sa bene chi si trova in procinto di dover comunicare un messaggio a un pubblico di sconosciuti ed è preda di un'ansia assolutamente non governabile.

**Da dove nasce questo assurdo timore del giudizio del pubblico?** Perché è proprio questo il problema: anche se, come abbiamo visto, in passato non esiste alcuna brutta esperienza pregressa, solo il pensiero che potresti non essere in grado di gestire quella situazione, ti mette addosso una tensione incredibile.

Che cos'è che ti fa paura? Il giudizio delle persone che sono venute ad ascoltarti o il giudizio che tu dai di te stesso? Temi di non spiccicare parola, d'impappinarti? Hai il timore di fallire, di non essere all'altezza della situazione?

Ragiona: queste sono tutte convinzioni limitanti che chissà da quanto tempo ti porti dietro. Le credenze sono quelle sensazioni di certezza che ciascuno di noi ha circa la realtà delle cose: di come dovrebbero essere e di come dovrebbero andare. Potresti essere uno che non intraprende mai nessuna impresa perché pensa di non farcela oppure parte in quarta perché sa che comunque vada sarà un successo. Ebbene, in entrambi i casi, il traguardo è assicurato.

Ti chiedo: appartieni alla prima o alla seconda categoria? Vuoi avere su te stesso una convinzione limitante o potenziante? Se hai acquistato questo ebook, mi viene il dubbio che tu faccia parte della prima tipologia, ma non è più il caso di preoccuparti.

Oggigiorno, esistono tecniche e strategie che faranno di te un uomo (o una donna) nuovo (a). T'insegneranno come rendere efficace il tuo modo di comunicare, come entrare in sintonia con gli altri, chiunque siano. T'istruiranno su come motivarti per avere obiettivi efficaci e motivanti che ti facciano svegliare la mattina pieno di carica ed energia.

Infine, ti erudiranno su come accrescere la tua autostima, come migliorare le convinzioni su te stesso, su come spezzare definitivamente le convinzioni limitanti e trasformarle in convinzioni potenzianti che possano darti maggiore forza e coraggio per affrontare l'esistenza e farti sentire bene e a tuo agio con tutti. Credici e se applicherai con volontà e costanza i suggerimenti che troverai su questi fogli, la tua vita non potrà più essere la stessa!

**_Alberto Lori_**

# STEP 1:

## Come imparare a motivarsi

*If you can't, you must. If you must, you can*
*Se non puoi, devi. Se devi, puoi.*
*(Tony Robbins)*

Se stai leggendo questo ebook, significa che sei interessato alla comunicazione e, nello specifico, alla comunicazione in pubblico. Probabilmente ammiri chi riesce a parlare di fronte a gente sconosciuta senza apparente stress, ma, anzi, dimostrando sicurezza, facilità di parola e, soprattutto, capacità di coinvolgere gli ascoltatori. Benché ti piacerebbe essere come questi grandi comunicatori, forse pensi che non potrai mai essere in grado d'imitarli. È qui che ti sbagli.

**SEGRETO n. 1: non si nasce eccellenti comunicatori, lo si diventa.**

È giunto il momento d'imparare ad usare il potere che ciascuno di noi ha di ottenere i risultati desiderati. Le nostre esperienze esistenziali sono il risultato diretto delle due forme di comunicazione che noi stessi produciamo. Le parole utilizzate, le intonazioni, la mimica, la gestualità, la postura, sono i diversi modi con i quali comunichiamo con l'esterno. Ciò che immaginiamo, ci diciamo, sentiamo nel nostro intimo fa parte invece della nostra comunicazione interiore. Da ciò emerge una prima, sacrosanta verità:

La qualità della tua vita dipende in modo direttamente proporzionale dalla qualità della tua comunicazione con gli altri e con te stesso, perché ogni giorno ti rapporti con gli altri e, soprattutto, con te stesso.

**SEGRETO n. 2: quanto più padroneggerai l'arte della comunicazione con il mondo esterno tanto più avrai successo sul piano professionale, sociale, finanziario.**

Non solo, il tuo successo più grande l'otterrai con te stesso se capirai che i tuoi stati d'animo ottimali sono direttamente correlati al tuo modo di comunicare con te stesso.

**SEGRETO n. 3: come ti senti non dipende dagli accadimenti, bensì da come reagisci a quel che ti accade.**

«Sei tu», dice Anthony Robbins, il grande motivatore a livello mondiale, «che decidi come sentire e agire in base a come hai scelto di percepire la tua esistenza.»

Coloro che hanno raggiunto l'eccellenza nel proprio campo seguono una precisa strada che conduce al successo, quella che lo stesso Robbins chiama:

•Nella prima fase è indispensabile sapere quale risultato si vuole ottenere.

•La seconda è la fase dell'azione. Compiere quelle azioni che hanno la massima probabilità di raggiungere il risultato auspicato.

•La terza fase è quella dell'imparare a riconoscere dai risultati correlati alle azioni se le strategie messe in atto allontanano o avvicinano al traguardo.

•La quarta fase è quella dello sviluppo della flessibilità necessaria a cambiare il proprio comportamento finché non si ottenga ciò che si desidera.

**SEGRETO n. 4: sono due, quindi, gli elementi sui quali è necessario riflettere: azione e flessibilità. Se aspetti, seduto in poltrona, che il tuo obiettivo si materializzi davanti a te, non farai un passo per trasformare i tuoi sogni in realtà. Bisogna che d'ora in avanti, appena sveglio, ti sottoponga a robuste iniezioni di DUM.**

Che cos'è il DUM? Non è un ricostituente che trovi in farmacia e neppure un preparato multivitaminico, è il combustibile che metterai nel tuo motore. È un acrostico che vuol dire:

## Datti una mossa

È il simbolo costante sul quale dobbiamo impostare la nostra esistenza se vogliamo ottenere qualcosa da noi stessi e dagli altri. L'azione da sola non basta. Dobbiamo capire dagli esiti delle singole azioni se stiamo procedendo in direzione del traguardo prefissato o se, invece, ce ne stiamo allontanando. Ecco il secondo elemento: la flessibilità. Non siamo mosche che nel tentativo di uscire sbattono con ostinazione contro il vetro della finestra. È indispensabile prendere coscienza del fatto che, se l'azione intrapresa non ci porta al risultato auspicato, dovremo cambiare direzione. Rifletti: Walt Disney ha bussato alla porta di trecento banche prima di ottenere il finanziamento per la costruzione della prima Disneyworld e Thomas Edison è andato incontro a 9999 risultati negativi prima d'inventare la lampadina.

Il successo non è frutto della casualità. Esistono specifici modelli d'azione, strategie d'eccellenza, alla portata di ciascuno. Noi tutti siamo in grado di accedere alle ricchezze che possediamo al nostro interno. Noi tutti abbiamo il potere di cambiare se vogliamo. Dentro di ciascuno di noi c'è l'alchimista in grado di accendere l'athanor, la propria mente, e di utilizzarlo nel modo migliore per trasmutare il piombo dell'azione nell'oro del successo.

**Cambiamento.** Ecco una parola, di fronte alla quale, per certi versi, proviamo un po' di timore. Non è qualcosa che di primo acchito stimola entusiasmo. Il che, se ci ragioniamo, è strano. Il cambiamento è una costante naturale della nostra esistenza. Nel giro di sette anni le cellule del nostro corpo non sono più le stesse. Tu che mi leggi sei diverso da ciò che eri sette anni fa. Simile, ma diverso. Se parliamo, invece, di miglioramento, di progresso, la parola ci piace di più. Noi tutti vogliamo essere migliori di ciò che siamo, progredire, evolvere. Soltanto che, mi dispiace darti questa cattiva notizia, non ci può essere miglioramento senza cambiamento. Non solo, il cambiamento è automatico, il progresso non lo è.

Il nostro atteggiamento di diffidenza nei confronti di un qualsiasi mutamento nasce dalla poca simpatia che nutriamo per l'insicurezza. Fin dall'infanzia, anno dopo anno, creiamo intorno a noi quello che gli anglosassoni chiamano "confort bubble", una bolla, un'area delle comodità dove collocare le nostre abitudini, il nostro modo di pensare, di agire, le nostre amicizie, le musiche, i film, i libri che ci piacciono, insomma tutto ciò che concorre alla nostra sicurezza. Fuori della bolla troviamo disagio, instabilità, insicurezza.

Qual è il tuo stato d'animo quando ti rechi per la prima volta in un posto sconosciuto? Certo non provi la stessa sensazione di benessere di quando vai in un posto che conosci bene. Qui ti trovi a tuo agio. Il problema è che nella bambagia della nostra zona delle comodità non c'è evoluzione. Nessuno è mai migliorato in situazioni di appagamento, soltanto i momenti difficili sono quelli che temprano il carattere, ci fanno crescere, ci fanno tirar fuori quelle risorse che non avremmo mai immaginato di possedere.

**SEGRETO n. 5: la qualità della vita di un individuo è direttamente proporzionale alla sua capacità di convivere con l'insicurezza.**

«Non esistono individui demotivati, esistono piuttosto obiettivi poco motivanti.» Quest'asserzione di Anthony Robbins, non è un luogo comune al pari di «non esistono più le mezze stagioni» oppure «non c'è più rispetto per gli anziani.» È, invece, una delle frasi storiche che ciascuno dovrebbe ripetersi ogni mattina davanti allo specchio mentre si fa la barba o si trucca. Se ci sentiamo poco motivati è perché ragionevolmente o siamo pigri o, davvero, non abbiamo nulla da fare. Tu come ti svegli la mattina? Hai qualcosa d'interessante da fare? Non vedi l'ora di buttare le gambe dal letto o ti crogioli al calduccio tra le lenzuola? Insomma, hai o no un buon motivo per alzarti dal letto?

Immagino ciò che stai per dirmi: devi lasciare il letto perché non ne puoi fare a meno, hai un lavoro che ti aspetta, non ti piace ma è l'unico che hai e sei obbligato a svolgerlo perché devi mantenere la tua famiglia. «Anzi» aggiungi, «un obiettivo l'avrei e sarebbe quello di cambiare lavoro.»

**Sbagliato**! Che razza d'obiettivo è "cambiare lavoro"? Fa il pari con quello di dire: «Non voglio più fare il muratore, il bancario, l'impiegato alle poste, il ministeriale». Nel primo caso, l'obiettivo è troppo generico, troppo poco definito e, soprattutto, non è motivante. Nel secondo, così come formuli l'obiettivo, il risultato è controproducente, perché il nostro cervello non percepisce il "non", la frase al negativo. Infatti, se io adesso ti dicessi di non pensare alla Torre Eiffel o alla Statua della Libertà di New York, la tua mente metterebbe a fuoco proprio queste due immagini. Di conseguenza, se il tuo obiettivo è quello di non fare il bancario, il tuo cervello si focalizzerebbe sul "fare il bancario" e non usciresti più dalla tua spirale perversa. E allora? Allora dovresti cominciare con il formulare il tuo obiettivo in modo semplice e chiaro. Se davvero volessi cambiare lavoro, allora la domanda dovrebbe essere:

**Che cosa vorrei fare?**

Aspetta prima di rispondere. Ti suggerisco una formula magica per definire nel modo migliore il tuo obiettivo.

**SEGRETO n. 6: secondo una statistica, solo il 3% della popolazione attiva fissa sulla carta gli obiettivi e di questo 3 per cento ben il 97% raggiunge la meta prefissata.**

La ragione è semplice: se scrivi su una pagina della tua agenda un obiettivo, è come se prendessi un impegno con te stesso e se non altro per coerenza ce la metterai tutta per raggiungerlo.

C'è, però, un secondo parametro di grande importanza che sarebbe stupido sottovalutare: il nostro cervello.

**SEGRETO n. 7: quando l'obiettivo è chiaro, il cervello si focalizza e presto comincerà a presentarti una serie d'opportunità che neanche immagini.**

Per esempio, ti sei invaghito di un nuovo modello di fuoristrada. Appena accarezzi l'idea di farne un tuo prossimo obiettivo, cominci a vederlo ovunque, il gestore del tuo ristorante preferito possiede proprio quel modello e non te n'eri mai accorto. Non solo, a cento metri da casa c'è persino una concessionaria di quella marca d'auto. Fino a quel momento non ci avevi fatto caso. Lo stesso discorso vale per un bel mucchio di cose. Le chiamiamo coincidenze, ma lo sono davvero? Credo piuttosto che fino ad oggi non abbiamo considerato le capacità della nostra mente nel loro giusto valore.

A/ Stato nel quale mi trovo in questo momento.

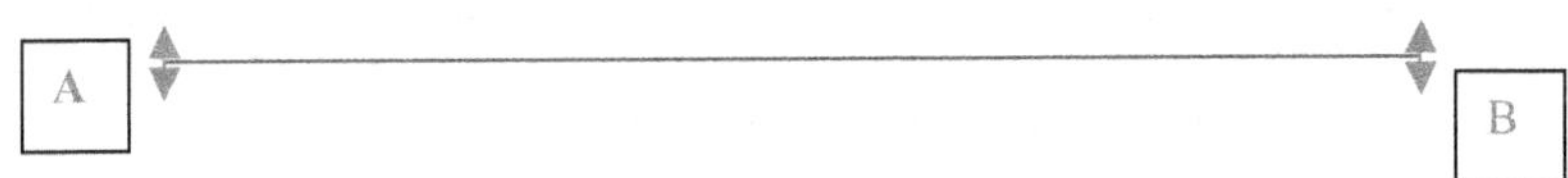


B/ Stato che desidero raggiungere

Se tracciamo una retta nello spazio che unisce due punti, stabiliamo la direttrice o, meglio, il cammino da compiere per passare da un punto all'altro, dallo stato attuale a quello che desidereremmo raggiungere.

AZIONE ←——————→ FLESSIBILITA'

È ovvio, l'abbiamo già visto poco più sopra, per passare da un punto all'altro della nostra retta occorre che ci diamo una mossa (DUM) e mettiamo in conto una serie d'azioni per raggiungere il nostro obiettivo. Certo, dovremmo prendere in considerazione anche gli imprevisti cui potremmo andare incontro.

Saranno proprio quelli che misureranno il nostro grado di flessibilità. Vediamo in primo luogo come potremmo scrivere il nostro obiettivo per ottenere il PREMIO finale, allo stesso modo di quel 3% della popolazione che fissa sulla carta i propri "desiderata", agisce e li realizza.

Ecco il nostro schema di base:

**P**OSITIVO

**R**ESPONSABILE

**E**COLOGICO

**M**ISURABILE

**I**DEABILE

**O**GGETTIVO

**Positivo**: l'obiettivo deve essere posto al positivo. Se il nostro proposito è quello d'imparare a **parlare in pubblico in modo efficace, persuasivo e senza ansie**, com'è in fondo lo scopo di questo ebook, allora dovremmo scrivere: *mi piace conversare con la gente*. Se scriviamo sull'agenda: "non voglio avere paura di parlare alla gente", non otterremo nulla perché, lo abbiamo già detto, il cervello non percepisce il "non" e si focalizzerà sul "voglio aver paura di parlare con la gente", vale a dire sul contrario di ciò che vorremmo ottenere.

**Responsabile**: il raggiungimento dell'obiettivo deve ricadere sotto la nostra totale responsabilità. Siamo noi a dover agire e siamo noi a consapevolizzarci se le azioni svolte ci allontanano o ci avvicinano alla meta prefissata.

**Ecologico**: l'attività messa in atto per il perseguimento dell'obiettivo non deve essere contraria ai nostri valori o alla nostra salute. Non solo, anche l'obiettivo deve essere "ecologico", vale a dire: non deve essere in contrasto con le nostre credenze e con la nostra salute, anzi deve contenere dei vantaggi al presente. Per esempio, se il nostro proposito è quello di perdere peso, la dieta alla quale ci sottoporremo non dovrà essere così drastica da comportare danni alla salute, ma, al contrario, dovrà prevedere una giornata della settimana in cui potremo mangiare di tutto.

**Misurabile**: il nostro obiettivo deve contenere chiari riferimenti per capire quando otterremo il risultato voluto. Se il nostro desiderio è dimagrire, scrivere che vogliamo pesare 78 kg entro 6 mesi è rendere misurabile l'obiettivo. Nel nostro caso, riuscire a parlare in pubblico in maniera convincente e senza stress entro un anno.

**Ideabile**: nel senso di ragionevole. È ovvio che avere come obiettivo di vincere all'enalotto entro due mesi non è un'ipotesi realizzabile.

**Oggettivo**: nel senso che il nostro proposito deve essere obiettivamente raggiungibile.

C'è un altro aspetto da non sottovalutare se prenderai la sana abitudine di fissare sulla carta i tuoi obiettivi e, soprattutto, se ne avrai ben valutato la misurabilità: ogni qualvolta ti capiteranno sott'occhio i fogli sui quali hai segnato i tuoi propositi e andrai a fare un bilancio dei risultati, con tutta probabilità ti accorgerai di aver raggiunto tutti gli obiettivi prestabiliti, anche se adesso te ne sei dimenticato. Ebbene, il fatto di rendertene conto ti creerà la convinzione potenziante di essere uno che raggiunge quando vuole gli obiettivi prefissati e ciò farà sì che la tua autostima salga ad un livello ancora più alto. C'è un'altra considerazione da fare a proposito della motivazione:

**SEGRETO n. 8**: **le azioni umane sono essenzialmente dominate da due potenti forze, *piacere* e *dolore*.**

Gli uomini e le donne hanno poche caratteristiche psicologiche in comune, ma una di queste è senz'altro che entrambi agiscono unicamente per sfuggire il dolore o per raggiungere il piacere, o per lo meno un obiettivo gratificante. La meccanica della nostra mente lavora in modo mirabile nella valutazione di queste due forze contrastanti.

Un tabagista convinto troverà difficile smettere di fumare fintanto che il piacere di aspirare boccate ad una sigaretta, ad un sigaro, ad una pipa, supererà il dolore di un'eventuale controindicazione sanitaria. Il giorno che si convincerà che il fumo gli fa davvero male, solo allora smetterà di fumare perché il dolore di una situazione di forte rischio vitale lo indurrà a superare il piacere di una boccata alla sigaretta. Dovrà allora convincersi che respirare più liberamente, fare due rampe di scale senza restare trafelati darà piacevoli sensazioni. Tutto ciò dimostra che a breve termine il dolore ha un effetto motivante ben più forte del piacere, mentre a lungo termine i veri mutamenti si verificano quando il nuovo atteggiamento diventa piacevole e il mantenerlo non costa grande fatica.

**SEGRETO n. 9: tutto ciò che posso immaginare, lo posso realizzare.**

Nulla è più potente della nostra immaginazione. Non ci credi? Chiudi gli occhi e distendi in avanti le braccia. Prova a immaginare con tutta l'intensità di cui sei capace di avere nella mano destra un palloncino e nella sinistra un secchio pieno di sassi. Sai che cosa succederà?

Nello spazio di pochi secondi, se aprirai gli occhi, vedrai che il braccio destro si sarà sollevato e il braccio sinistro si sarà notevolmente abbassato, proprio come se tu avessi avuto nella mano destra un palloncino e nella sinistra un secchio pieno di pietre. Rileggi il segreto scritto in rosso. Cominci a crederci? Se ci credi vuol dire che te ne sei fatta una convinzione.

**SEGRETO n. 10: le convinzioni, lo sai bene, sono il motore dei nostri comportamenti, del nostro modo di vedere le cose, del nostro modo di comunicare. Un uomo senza convinzioni è come un'auto senza motore. Avere la convinzione dentro di sé di poter raggiungere qualunque obiettivo, ti fornisce l'energia necessaria per realizzarlo.**

Il problema è se le credenze che abbiamo invece di potenziarci ci limitano. Dovremmo fare un esame di coscienza: sono tante le convinzioni sballate che ci portiamo dietro e in base alle quali agiamo come se dessimo al nostro cervello un ordine circa la maniera con la quale rappresentare quel che accade. Tre sono i modi di adeguarsi del cervello alle nostre credenze: *generalizzando, cancellando, distorcendo.* Nella mia lunga attività di lettore televisivo avrò letto un numero infinito di documentari: storici, archeologici, scientifici, industriali, didattici. Tra questi ultimi, per industrie private ma anche per l'esercito, l'aeronautica e la marina militare, testi di filmati concernenti macchinari, motori, armamenti d'ogni genere. Pensa al rischio di corto circuito mentale nel quale sarei potuto incorrere se la mente non fosse intervenuta a cancellare a livello conscio tutta la massa di dati incamerati nel corso di anni e anni di lavoro.

Buon per me che è intervenuto un filtro per selezionare le informazioni accumulate giorno per giorno. Ciò che non mi serve è soppresso dalla coscienza.

Un altro modo di gestire la massa d'informazioni è *generalizzarla*. Si dice: una delle attività che non si dimentica più nella vita è come andare in bicicletta. Se abbiamo imparato ad andarci una volta, saremo in grado di andarci sempre, anche se la bici in questione è diventata una sofisticata bicicletta da corsa o una mountain bike. In generale, funzionano tutte nello stesso modo, basta mantenersi in equilibrio e spingere sui pedali. Il problema è che generalizziamo la nostra stessa esperienza. Da qui, tra l'altro, hanno origine le fobie. La fobia è vista come una reazione della mente ad un avvenimento traumatico. È una reazione d'apprendimento: ti ha morso un cane e hai avuto paura. La tua mente ne ha tratto un convincimento: *tutti i cani sono pericolosi*. Come dire che se ti trovassi a dover fronteggiare di nuovo un cane, fosse anche un chihuahua, il tuo organismo ti proteggerebbe sviluppando una reazione d'ansietà, sudi, hai il respiro corto, il cuore batte a ritmo accelerato, e via dicendo.

Allorché c'imbattiamo in un evento di particolare intensità emotiva, è facile l'insorgere di una fenomenologia del genere. Un incidente d'auto, per esempio, potrebbe far scattare la fobia delle auto; una caduta da cavallo potrebbe indurre la paura di montare in sella e così via.

Un aspetto interessante della fenomenologia è che la fobia non nasce sul momento, ma è provocata dalle successive riflessioni sull'avvenimento stesso. Infatti, nel momento dell'evento, per esempio una caduta da bicicletta, il consiglio è quello di risalire subito in sella alla bici per evitare che la mente, razionalizzando, crei associazioni mentali negative. Ecco quindi che, partendo da determinati aspetti della propria esperienza, si arriva ad una generalizzazione e ci si convince che in avvenire tutte le esperienze simili avranno il medesimo risultato negativo. Come si dice? «Chi è scottato dalla minestra calda, soffia sulla fredda». Quanto sia difficile scalzare certe convinzioni lo dimostra questo test:

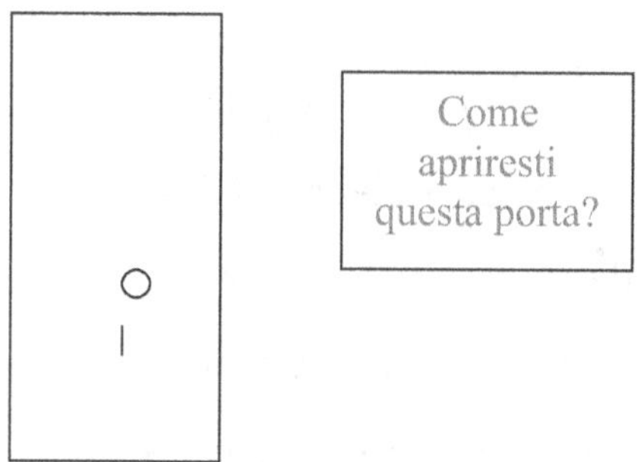



*Girando la chiave nella serratura.*

Non è chiusa a chiave.

*Spingendo la maniglia.*

No.

*Tirando a sé la maniglia.*

No, neanche in questo modo.

*Facendo scorrere la porta verso destra.*

Neppure così.

*E allora...?*

Non meravigliarti se non ne sei capace. È accaduto a tutti coloro che, dai quindici ai novant'anni, hanno provato ad aprirla, finché non è arrivato un bambino che con la massima semplicità ha aperto la porta spingendola dalla parte opposta della maniglia. Come c'è riuscito? Perché era privo del convincimento che tutti noi abbiamo che le porte si aprono dal lato della maniglia.

Un'altra operazione posta in atto dal cervello per filtrare le informazioni è la cosiddetta *distorsione*. Mi spiego con un esempio. Nella campagna veronese, nel periodo della mia giovinezza quando andavo a trascorrervi le vacanze estive in casa dei miei zii, girava una storiella grottesca.

Alcuni ragazzi scommettevano su chi avrebbe avuto il coraggio di andare da solo in un cimitero di notte. Naturalmente la maggioranza aveva declinato l'invito. «Non ci vado neanche per un milione di lire!» disse uno di loro (all'epoca girava ancora la lira). «Mi viene la pelle d'oca solo al pensiero!» commentò un altro, finché non saltò fuori Virgilio, lo sbruffone di turno. «Mi fanno ridere le vostre paure. Bisogna avere paura dei vivi, non dei

morti. Preparate le diecimila lire della scommessa che vado io.»
Tutti euforici, quella notte stessa, a mezzanotte, gli amici accompagnarono il temerario al cancello del camposanto del paese. Neanche a farlo apposta era una notte da lupi: lampi e tuoni facevano presagire l'arrivo di un temporale. Virgilio scavalcò il cancello e si lasciò cadere dall'altra parte. Con il martello in una mano e il chiodo nell'altra che avrebbe dovuto piantare nel tronco del cipresso al centro del cimitero, s'incamminò verso la meta.

Come era da immaginarsi si era messo a piovere. Stretto nel suo mantello nero con tanto di cappuccio, Virgilio non temeva la pioggia, ma di lì a poco avrebbe dovuto iniziare a temere gli scenari che la sua immaginazione gli proponeva. Improvvisamente rabbrividì. La quiete del cimitero fu spezzata prima da un balenio accecante, poi dal rumore squassante di un tuono.

La pioggia aumentò d'intensità e, attraverso la cortina d'acqua, le cose intorno a lui sembrarono mutare forme: i rami degli alberi agitati dal vento presero le sembianze di braccia scheletriche protese verso di lui, i simulacri di pietra, posti a ornamento delle tombe, gli dettero l'impressione che cambiassero posizione e si volgessero a guardarlo con occhi malevoli.

Lo stridere di una civetta nel buio gli fece accapponare la pelle. Tremando da capo a piedi, Virgilio, nonostante il vento contrario che quasi gli impediva di procedere, accelerò il passo. Trafelato, senza più guardarsi intorno, raggiunse il cipresso. Con gran fatica perché doveva lottare contro il vento, la pioggia e il tremito delle mani, riuscì ad assestare i primi colpi sul chiodo per conficcarlo nella corteccia. Ritenendo di averlo piantato abbastanza in profondità, si volse per correre via. Non riuscì a fare un passo, qualcosa alle sue spalle lo tratteneva e gli impediva di scappare. Al pensiero che fossero i morti del cimitero a non volerlo lasciare andare, ne ebbe una tale impressione che cadde svenuto.

Nel suo caso la mente era intervenuta provocando una distorsione: non era un fantasma che lo tratteneva, bensì la sua dabbenaggine. In preda allo sgomento non si era accorto di avere inchiodato all'albero il mantello. In altre parole, spesso distorciamo le informazioni pervenute dall'esterno interpretandole in modo sbagliato, ma anche in modo tale da indurre la fisiologia del nostro organismo a reazioni tipo lo svenimento del povero Virgilio. Le nostre sensazioni di certezza errate possono essere di vario genere. Lo abbiamo detto nell'introduzione: se noi pensiamo che, per come siamo fatti, non riusciremo a realizzare alcunché, potremo esser certi che non saremo in grado di districarci dalle panie di una convinzione tanto distruttiva. Se non crediamo al successo, non l'otterremo mai.

Il risultato è garantito sia se riteniamo di raggiungere un determinato risultato, sia se, al contrario, pensiamo di non essere in grado di ottenerlo. Resta da chiederci: da quale delle due posizioni è conveniente partire? Se, come credo, non avrai dubbi nello scegliere, la domanda successiva sarà: com'è possibile sviluppare una persuasione del genere?

Uno dei modi è cominciare a scalzare quel tipo di credenze che giudichiamo limitanti. Tanto per restare nell'alveo dei nostri interessi specifici, quali e quanti sono i freni che c'impediscono di svolgere nel modo migliore il nostro compito di buoni comunicatori? La timidezza? L'insicurezza? L'ansia? L'emotività? La paura di fallire? Ho citato alcune problematiche di base, ma potrebbero essercene anche altre. Prova a buttare sulla carta quei convincimenti per i quali ti è difficile non essere travolto dallo stress ogni qualvolta ti trovi davanti ad un pubblico. Ti lascio lo spazio in questa pagina per scrivere di getto le credenze limitanti che ti vengono in mente. Dici d'essere timido. Chi ti ha messo in  testa un'idea del genere? I tuoi genitori, fin da quando frequentavi le scuole elementari? I tuoi insegnanti? Tu stesso?

Sulla base di quanto che suggerisce Anthony Robbins, osserva il disegno di questo tavolo. Ogni gamba del tavolo rappresenta un'esperienza grazie alla quale ti sei convinto di essere affetto da un'inguaribile timidezza.

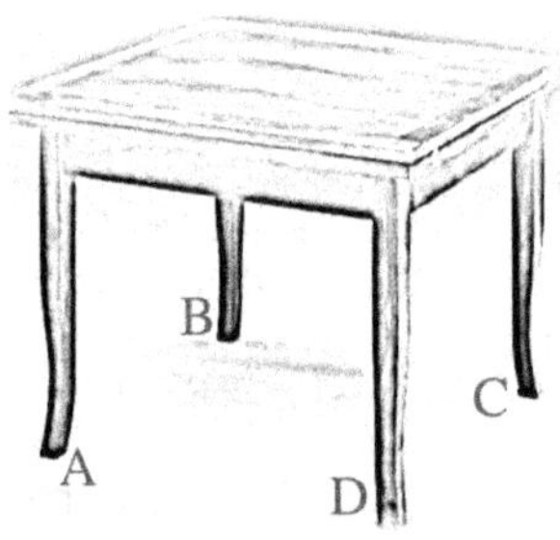


A) Diventi rosso come un peperone quando ti si fa una domanda.

B) Un amico ti ha detto che improvvisare un discorso è come scalare una montagna a mani nude.

C) Interrogato in classe, hai fatto scena muta.

D) Non hai avuto la faccia tosta di abbordare quella ragazza, come ti suggerivano gli amici.

Seghiamo le gambe del tavolo di sostegno alla tua convinzione di essere timido o, meglio, smontiamo le esperienze a causa delle quali sostieni di esserlo.

A)    Il fatto che diventi rosso quando ti senti coinvolto in prima persona significa che sei facile all'emozione, non che sia timido. Probabilmente il tuo canale sensoriale preferenziale in quel momento è quello cenestesico (vedremo fra poco che cosa significa).

B)    Il tuo amico non è un trainer che può dirti che improvvisare un discorso è come scalare una parete di roccia a mani nude con il rischio di precipitare da un istante all'altro. E poi, scusa, prenderesti lezioni di sci da uno che non è mai stato in montagna?

C)    Chiediti se la scena muta all'interrogazione era dovuta alla tua "innata timidezza" o non piuttosto alla ragione che quel giorno eri impreparato.

D)      Il fatto che ti sia rifiutato di rimorchiare quella ragazza può avere diverse motivazioni: in fondo, la ragazza non ti piaceva così tanto, eri all'oscuro delle tecniche di seduzione applicate all'abbordaggio, non sei mai stato uno che fa quello che vogliono gli altri.

Ora che con il seghetto dell'analisi hai tagliato le gambe del tavolo, cosa resta della tua convinzione di partenza? Niente di niente.

Ecco, quindi, l'esercizio pratico che fa per te. Così come abbiamo fatto con la timidezza, prendi la serie di convinzioni limitanti che hai già trascritto su un foglio di carta. Prova a pensare per ciascuna di esse su quali esperienze pregresse hai basato la tua credenza negativa. Riportale sulla carta e poi smontale una ad una.

RIEPILOGO DEL CAPITOLO 1:

•SEGRETO n. 1: non si nasce eccellenti comunicatori, lo si diventa.

•SEGRETO n. 2: quanto più padroneggerai l'arte della comunicazione con il mondo esterno tanto più avrai successo sul piano professionale, sociale, finanziario.

•SEGRETO n. 3: come ti senti non dipende dagli accadimenti, bensì da come reagisci a quel che ti accade.

•SEGRETO n. 4: sono due, quindi, gli elementi sui quali è necessario riflettere: azione e flessibilità. Se aspetti, seduto in poltrona, che il tuo obiettivo si materializzi davanti a te, non farai un passo per trasformare i tuoi sogni in realtà. Bisogna che d'ora in avanti, appena sveglio, ti sottoponga a robuste iniezioni di DUM.

•SEGRETO n. 5: la qualità della vita di un individuo è direttamente proporzionale alla sua capacità di convivere con l'insicurezza.

•SEGRETO n. 6: secondo una statistica, solo il 3% della popolazione attiva fissa sulla carta gli obiettivi e di questo 3 per cento ben il 97% raggiunge la meta prefissata.

•SEGRETO n. 7: quando l'obiettivo è chiaro, il cervello si focalizza e presto comincerà a presentarti una serie d'opportunità che neanche immagini.

•SEGRETO n. 8: le azioni umane sono essenzialmente dominate da due potenti forze, *piacere* e *dolore*.

•SEGRETO n. 9: tutto ciò che posso immaginare, lo posso realizzare. Nulla è più potente della nostra immaginazione.

•SEGRETO n. 10: le convinzioni, lo sai bene, sono il motore dei nostri comportamenti, del nostro modo di vedere le cose, del nostro modo di comunicare. Un uomo senza convinzioni è come un'auto senza motore. Avere la convinzione dentro di sé di poter raggiungere qualunque obiettivo, ti fornisce l'energia necessaria per realizzarlo.

# STEP 2:

## Come sfatare un luogo comune

S ia che tu abbia una convinzione di partenza positiva sia che l'abbia negativa, il ciclo vitale è il seguente.

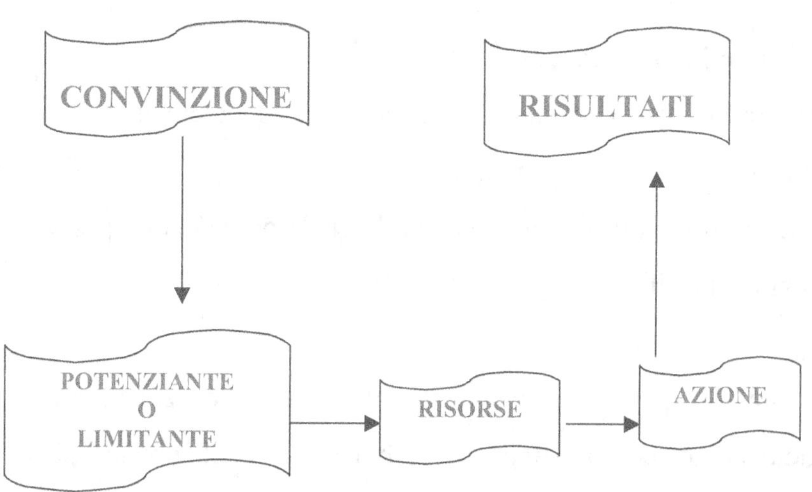


Nel mio campo sono convinto di essere un ottimo speaker. Se sono convocato dall'Ufficio Cerimoniale dei Carabinieri per presentare il Carosello di Piazza di Siena, pur se all'inizio sarò roso dall'ansia, farò ricorso a tutte le risorse del caso:

determinazione, tecnica, sicurezza, concentrazione, sensibilità, tutte risorse positive. Leggerò i pezzi di mia pertinenza davanti alle massime autorità della Repubblica, allo Stato Maggiore dell'Arma, al pubblico, sfruttando ogni risorsa che secondo le mie convinzioni mi appartiene. Quale pensi che sarà il risultato che otterrò? Pieno successo, naturalmente. Fai lo stesso ragionamento al contrario e otterrai un risultato negativo.

**Le chiavi per ancorare**

Le note di una canzone romantica hanno il potere di trasportarci indietro nel tempo quando, al ritmo di quella melodia, ballavamo tenendo fra le braccia una tipa con la quale poi abbiamo passato ore indimenticabili.

Lo stesso vale per te, amica mia, se quella stessa canzone ti ricorda il momento in cui eri stretta fra le braccia di quel giovane pieno di fascino, che ti ha portato al settimo cielo. Quell'emozione di tanti anni fa si è ancorata alla tua mente e non puoi dimenticarla.

**SEGRETO n. 1: quanto più quell'emozione è intensa tanto più risulta incancellabile dalla memoria.**

Ciò spiega l'origine delle fobie. Tu vivi un'esperienza negativa: per esempio, sei rimasto per più di due ore chiuso in un ascensore. D'ora in avanti il trauma di quell'esperienza ti rimane legato e una sottile inquietudine ti prende ogni qual volta prendi un ascensore. In prospettiva, sarà meglio quindi crearsi delle ancore positive. È in ogni caso possibile creare nuove ancore che svuotano del peso fobico le esperienze negative del passato.

Immagino che tu mi legga seduto in poltrona. Ecco, appoggia l'ebook sul bracciolo. Siediti comodo, schiena rilassata contro lo schienale, piante dei piedi ben aderenti al pavimento, mani sulle ginocchia. Chiudi gli occhi e visualizza quella prima volta nella quale hai avuto l'esperienza negativa dell'ascensore bloccato. Ripensandoci, di quale risorsa avresti avuto bisogno quel giorno? Coraggio? Pazienza? Più sicurezza e fiducia in te stesso?

Coraggio, dici. Bene, dopo di allora ci sono state occasioni in cui hai dimostrato coraggio? Sì? Ritorna con il pensiero sull'esperienza negativa. Quando ci sei, stringi il pugno sinistro. Bene. Adesso vai sull'esperienza positiva. Quando ci sei, stringi il pugno destro. A questo punto ritorna all'esperienza negativa e rivivila con la risorsa che ti mancava. Premi insieme entrambi i pugni e procedi con il collasso di ancore.

Non ti sembra adesso che la tua fobia per gli ascensori si sia svuotata dei suoi aspetti più limitanti? Accade perché con l'aiuto della risorsa che t'era mancata la prima volta, l'esperienza si è svuotata della tensione che l'accompagnava.

**SEGRETO n. 2**: **la maggior parte delle fobie s'impara. Di conseguenza, è possibile anche disimpararla**.

Il principio è semplice, te lo spiego in due parole. Sei un marziano in visita alla Terra. Ti offrono una tazzina di caffè, ma non ti piace perché è amaro. Nelle settimane successive, ti portano in pasticceria e fai una scorpacciata di dolci. Scopri che uno degli ingredienti di quelle leccornie è lo zucchero. Ecco la risorsa che ti era mancata con la tazzina di caffè! Siccome sei un marziano esperto della macchina del tempo, sei in grado quando vuoi di tornare indietro lungo la *Time line* e vai nell'istante in cui ti offrono il caffè la prima volta. Ci vai e metti nella tazzina fumante due zollette di zucchero e... voilà! Il caffè non è più amaro.

Se c'è un leit motiv in questo manuale è quello che riguarda il cambiamento.

**SEGRETO n. 3: tutti possiamo cambiare (e migliorare) se vogliamo.**

Siamo in grado di mutare il modo di respirare se non utilizziamo quello corretto, mutare l'impostazione di voce se desideriamo che il nostro strumento vocale acquisti pienezza, chiarezza, sicurezza, modificare le qualità espressive se vogliamo dare mordente e colore ad un tono di voce monocorde (vedi l'ebook "Voce da speaker"). Dimostreremo che è possibile mutare i nostri stati d'animo e creare un'ingegneria emozionale d'eccellenza. Adesso è chiaro che si può esercitare il controllo anche sulle proprie convinzioni, anche su quelle più radicate, solo se lo vogliamo. Insomma, in parole povere, è possibile cambiare la propria esistenza.

La risposta è: dipende dal tuo punto di vista.

**SEGRETO n. 4: la tua realtà è la realtà che ti sei creata.**

Se il tuo stato d'animo è perennemente puntato sul negativo, sarai sempre un depresso, ma sei tu che lo vuoi. Se, all'opposto, interpreti con ottimismo qualunque cosa ti capiti nel corso della tua esistenza, vivrai felice. Anche in questo caso sei tu che l'hai voluto. Se le tue convinzioni sono negative o positive, sei sempre tu che le hai create.

**SEGRETO n. 5: dipende solo da te cosa vuoi essere: signore di te stesso o schiavo dei tuoi comportamenti.**

Torniamo a parlare di comunicazione, che è poi l'idea base di questo ebook. Che cosa credi, che per essere un buon comunicatore sia indispensabile contare su una facilità di linguaggio e su una buona cultura alle spalle?

## NON È VERO!

Certo, possedere scioltezza di parola e cultura è utile, ma non necessario. Comunicare ad altri un messaggio, un'idea, un progetto, significa innanzitutto mettere in comune con altri quel messaggio e si basa sull'interazione costante tra chi comunica e chi ascolta. Porre l'accento su uno soltanto dei due termini del binomio, su chi parla e non su chi ascolta, vuol dire negare ogni fondamento alla comunicazione, che vuole invece privilegiare il destinatario del messaggio.

**SEGRETO n. 6: comunicare significa trasmettere, ma**

**soprattutto far capire ad altri il nostro messaggio**.

E qui assume importanza il risultato della comunicazione. Se teniamo all'efficacia del messaggio, non basta l'intenzione di comunicare, è necessario anche creare sintonia con il destinatario del messaggio. Ormai lo sappiamo: sono tre i livelli di comunicazione, verbale, paraverbale, non verbale. Secondo uno studio degli anni '50 del secolo scorso, mai confutato, nei primi cinque minuti di contatto con il pubblico, la percentuale di ricezione è rispettivamente: il 7%, il 38%, il 55%.

Nonostante siano passati più di cinquant'anni, la scuola non ha ancora sentito la necessità di adeguarsi a queste percentuali. L'interrogazione in classe equivale ad una vera prestazione di *public speaking*. L'alunno interrogato parla di fronte ad un pubblico formato dall'insegnante e da una ventina in media di compagni di classe.

I professori di mio figlio, il quale, mentre scrivo, è alle prese con la Seconda Media, come i maestri delle elementari prima di loro, ritengono ancora che il contenuto dell'interrogazione rappresenti il 100% della comunicazione. L'aspetto verbale dell'interrogazione è ovviamente correlato allo stato di preparazione nella materia in cui si è interrogati, ma la resa dipende in massima parte dall'aspetto inconscio che, come abbiamo visto, raccoglie il 93% dell'attenzione dell'insegnante e dipende dalle convinzioni dell'alunno in fatto di timidezza, insicurezza, stress e via dicendo.

A nessun insegnante è mai venuto in mente d'insegnare ai propri alunni la corretta intonazione di voce per dare rilevanza ad una frase o ad una parola o la corretta gestualità, con il risultato assai poco congruente di premiare o, a seconda i casi, di penalizzare con il voto non tanto i contenuti dell'interrogazione quanto la forma.

Con un conseguente secondo aspetto negativo: l'insegnante si formerà una convinzione sull'alunno difficilmente scalzabile, tale da condizionare il prosieguo dell'attività scolastica dell'alunno stesso. La colpa non è degli insegnanti, ovviamente. All'università si specializzano nella loro materia d'insegnamento, ma per loro non è previsto un corso di laurea che insegni ad insegnare.

Negli anni scorsi negli USA è stato fatto un esperimento: ad un gruppo d'insegnanti è stata assegnata una classe dicendo loro che si trattava di allievi superdotati, mentre ad un altro gruppo di docenti veniva affidata una classe di "somari". In realtà, in un caso come nell'altro, si trattava di ragazzi assolutamente normali. Come credi che sia andata?

Nel primo caso, se i "geni" non afferravano le spiegazioni degli insegnanti, costoro si disponevano di buon grado a spiegare di nuovo, nella convinzione che se i ragazzi non capivano, la colpa era di loro insegnanti. Nel secondo caso, non insistevano più di tanto nella convinzione che i ragazzi erano scarsi e quindi non era il caso di dannarsi per far entrare nella loro zucca vuota nozioni troppo complicate.

**SEGRETO n. 7: perché la comunicazione sia davvero efficace deve esserci totale allineamento tra i tre livelli di comunicazione: verbale, paraverbale e non verbale devono rimandare il medesimo messaggio.**

Se qualcuno ti ferma per chiederti un'informazione, se vuoi essere convincente, la tua risposta in termini di coordinate logiche dovrà essere congruente con il tuo tono di voce, la mimica e la gestualità.

Per parlare bene, per comunicare in maniera persuasiva il proprio pensiero, occorre equilibrio. Non perché non ci si possa esprimere correttamente anche su un piede solo, ma per la ragione che l'equilibrio di cui parlo deve riguardare il cervello. Per la precisione, i due emisferi cerebrali. L'emisfero sinistro, lo sappiamo, sovrintende al linguaggio, al pensiero astratto. Deve consentirci di usare al meglio l'hardware del linguaggio: respirazione, fonazione, casse di risonanza. L'emisfero destro è deputato al pensiero creativo, all'espressività del linguaggio, insomma al software, all'aspetto paraverbale e analogico del nostro modo di esprimerci. In sintesi: una bella voce non basta; è necessario che la voce abbia colore, mordente espressivo. Per qualsiasi comunicazione è indispensabile usare il cuore non meno della testa. Molto spesso accade invece che si faccia di tutto per mettere guinzaglio e museruola all'emisfero destro imputandogli la sua irrazionalità, senza renderci conto così facendo di affidare la guida della nostra vita a un pilota diverso da noi stessi. In altre parole, siamo tanto prigionieri della razionalità del nostro emisfero sinistro da non accorgerci che a guidare la nostra auto è un qualcuno del tutto privo di reazioni e soprattutto senza immaginazione. Oppure, al contrario, siamo così irrazionali da affidare soltanto ai nostri programmi inconsci la nostra esistenza, con il rischio di essere ancor più condizionati e di finire nelle mani di qualcun altro che guida al nostro posto. Forse è il caso di cominciare ad acquisire la totale consapevolezza di noi stessi e delle nostre potenzialità.

**SEGRETO n. 8: se prenderemo coscienza dei nostri schemi di comportamento e dei nostri programmi inconsci, saremo anche in condizione di modificarli come vogliamo.**

È qui che entra in gioco la programmazione neuro linguistica. Oggi, grazie ad essa, è possibile fare un altro passo avanti sulla strada della ricostruzione personale. Non solo, proprio nel contesto della comunicazione in generale e del *public speaking* in particolare, ci suggerisce le tecniche più utili per andare ad esporre le nostre idee con un'ottimale gestione dello stress e in modo tanto efficace e persuasivo da farci guadagnare il consenso del pubblico.

Forse tu non hai mai sentito parlare di *programmazione neuro linguistica*. Niente di grave, non è obbligatorio conoscerla, però aiuta.

**SEGRETO n. 9: la PNL non è una scienza esatta e non è neppure un insieme di tecniche utili per scalare il successo, è piuttosto un atteggiamento di curiosità, d'apertura mentale, che ci consente di utilizzare strategie d'eccellenza nel campo nel quale vorremmo emergere.**

Forse neppure "programmazione" è il termine più corretto: la PNL non programma la mente di nessuno. Sarebbe più giusto chiamarla, come fa del resto Anthony Robbins, "*Condizionamento neuro associativo*". Potremmo definirla, tuttavia, una sorta di metafora inventata da Richard Bandler, co-fondatore con John Grinder della PNL. Bandler era ed è tuttora un appassionato d'informatica e ha impiegato il termine "programmazione" alla stregua di software, di un programma personalizzato di comportamento da inserire nell'hardware, nell'apparato materiale rappresentato dal cervello umano. L'aggettivo "neurolinguistica" è di sicuro appannaggio di John Grinder, professore di linguistica dell'università californiana di Santa Cruz.

Sono tre gli elementi che concorrono a formare la PNL. Il cervello raccoglie le informazioni dall'esterno e le assimila (programmazione). In seguito, quella stessa esperienza viene filtrata ed elaborata dal sistema nervoso centrale (neuro) attraverso i cinque canali sensoriali (vista, udito, olfatto, tatto e gusto). Infine lo stimolo crea la risposta mediante il linguaggio verbale e non verbale. Semplificando, la PNL potrebbe tradursi in una *pianificazione di strategie mentali tramite il linguaggio logico e analogico.*

Prima considerazione: il linguaggio non verbale, essendo immediato, inconscio, automatico e simbolico è di grande importanza nel contesto del *public speaking* e rappresenta spesso la via diretta per giungere ad un'effettiva ed autentica comunicazione. Ne riparleremo.

Tutto ebbe inizio nei primi anni '70 del secolo scorso quando Bandler era uno studente di matematica in quella stessa università. Una casa editrice gli aveva affidato l'incarico di sbobinare e trascrivere le sedute terapeutiche di Fritz Perls, creatore della *gestalt* e considerato uno dei grandi psicoterapeuti americani.

A forza di stare in contatto con lui dopo qualche tempo, fa proprie le sue stesse strategie. Le assimila non perché le razionalizza, ma semplicemente per modellamento inconscio, nel medesimo modo nel quale un bambino impara a parlare e a camminare modellandosi sugli adulti. L'assiduità con Fritz fa sì che ne assorba le convinzioni, gli atteggiamenti, il modo di esprimersi, di comunicare e, nel caso di Perls, anche il suo modo di fare terapia. Bandler non riesce a comprendere come, nonostante non sia uno psicoterapeuta, ottenga i medesimi risultati del personaggio modellato.

Per trovare una spiegazione, chiede aiuto a John Grinder, professore di linguistica in quella stessa università. Grinder studia la struttura e la semantica del linguaggio usato da Bandler e ne estrae dei modelli comunicativi giudicati assai interessanti. Le prospettive sono così affascinanti che, insieme, mettono a punto una ricerca per capire quali strategie inconsce fossero poste in atto da Fritz Perls, Milton Erickson, Virginia Satir, considerati l'eccellenza in campo psicoterapeutico, per ottenere risultati così eclatanti.

Lo studio di Bandler e Grinder parte da un'analisi maniacale dei sistemi di comunicazione dei tre grandi psicoterapeuti, non solo dal punto di vista delle intonazioni di voce e del linguaggio del corpo. La loro osservazione puntigliosa tocca anche la scelta del vocabolario utilizzato, le ragioni per le quali mettono in successione determinate parole e via dicendo.

Lo studio sistematico delle esperienze soggettive dei tre grandi psicoterapeuti porta i nostri due ricercatori ad ottenere una serie di modelli strategici estratti dal linguaggio verbale e non verbale, verificabile e applicabile non soltanto nel campo della psicoterapia, ma anche in tutti i campi della comunicazione umana. Nel primo step dicevamo che non si nasce eccellenti comunicatori, ma lo si diventa. Come? Sarebbe facile risponderti: «Leggendo questo ebook e mettendolo in pratica», ma non è in questo modo che voglio persuaderti ad abbandonare le convinzioni limitanti che ti porti dietro da chissà quanto tempo non soltanto del tipo già citato, ma anche: «Temo di fare brutte figure», «sono sicuro che dimenticherei tutto quello che vorrei dire», «temo d'impappinarmi» e via discorrendo.

L'abbiamo detto: la comunicazione si gioca su tre livelli e su due dimensioni. Grazie alla "Programmazione neuro linguistica" applicata alla comunicazione e nello specifico al *Public Speaking*", sappiamo che per comunicare ciascuno di noi utilizza contemporaneamente tre livelli comunicativi.

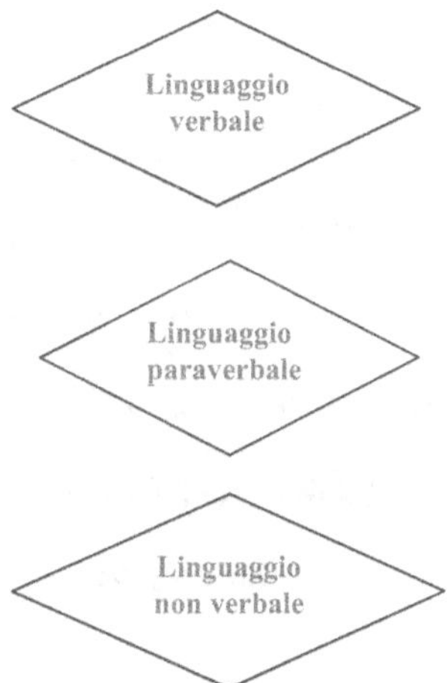


Ripetiamolo perché sia chiaro: l'elemento conscio costituito dalle informazioni influenza il pubblico per una percentuale minima, mentre l'aspetto inconscio, non verbale, è quello che per il 93% viene recepito dagli ascoltatori. Da ciò scaturisce il compito che d'ora in poi devi proporti: se vuoi che la tua comunicazione, non importa se esternata a un solo interlocutore o ad un pubblico oceanico, sia efficace e convincente devi partire da un totale allineamento dei livelli comunicativi. È sufficiente che uno solo di essi dimostri incongruità perché la tua comunicazione perda di efficacia.

Immagina di trovarti in una conferenza dove il relatore si esprima in questo modo:

*«Sono felice e onorato di trovarmi qui, davanti a un pubblico davvero straordinario, fatto di uomini e donne che rappresentano il meglio della società italiana. Sono qui per farvi partecipe di un evento eccezionale, strabiliante, grazie al quale, quando stasera sarete tornati a casa ringrazierete la buona sorte che vi ha scelto, unici fra tutti coloro che conoscete, per qualcosa che cambierà le vostre vite».*

Belle parole, no? Ma che cosa penseresti se quello stesso conferenziere avesse parlato in modo dimesso e monocorde, senza slanci, rimandandoti attraverso la postura del suo corpo, braccia conserte, gambe incrociate e sguardo basso, sintonizzato sulla punta delle sue scarpe, uno stato d'animo assolutamente negativo? Avresti creduto a ciò che diceva?

Come avrai capito, i tre livelli comunicazionali per essere efficaci devono essere impiegati in contemporanea nella comunicazione esterna, quella che svolgiamo con gli altri. Il loro migliore utilizzo ci consentirà di ottenere quel successo sul piano personale, sociale e finanziario che ciascuno di noi persegue dall'età della ragione.

C'è, tuttavia, una seconda dimensione del continuum comunicazionale, quella della comunicazione interiore, che davvero può permetterci di trasmutare la nostra vita. I nostri stati d'animo sono direttamente collegati a ciò che immaginiamo, a ciò che ci diciamo, a ciò che pensiamo.

**SEGRETO n. 10: se riusciremo ad essere efficaci e convincenti con noi stessi, saremo in grado di mutare in meglio non solo gli stati emozionali, ma anche la nostra stessa fisiologia.**

Finiamola di pensare che le nostre condizioni psicologiche dipendano dagli avvenimenti esterni, è vero invece che devono dipendere dal significato che diamo a questi accadimenti e da come reagiamo. Se li interpretiamo in modo positivo, anche il nostro stato d'animo ne guadagnerà. Come ti senti non dipende dagli eventi, bensì da come reagisci a ciò che ti capita.

Domanda: che cosa hanno in comune tra loro i grandi geni nei diversi campi della vita? In pratica, che cosa accomuna Milton Erickson a Virginia Satir, Albert Einstein ad Enrico Fermi, Henry Ford ad Enzo Ferrari, Guglielmo Marconi ad Alexander Fleming, Madame Curie a Clive Sinclair, Thomas Edison a Werner Von Braun, John F. Kennedy a Martin L. King, Steve Jobbs a Rita

Levi Montalcini, solo per citarne alcuni? L'intelligenza? La cultura? L'estrazione sociale? La ricchezza? La fame di successo? L'ambizione? La fantasia? In tutti questi casi la risposta è no.

**SEGRETO n. 11: la differenza che fa la differenza rispetto a tutti coloro che non ce l'hanno fatta e giacciono dimenticati e ignorati dal mondo è soltanto una: l'impiego di strategie mentali simili.**

Questi uomini e queste donne hanno dimostrato che è possibile creare un'ingegneria degli stati emozionali da utilizzarsi nei momenti più opportuni. Grazie a loro, la PNL ha provato che è possibile attuare, per chi lo voglia, un incredibile processo di crescita delle proprie potenzialità fino a raggiungere quel successo nella vita cui ciascuno di noi aspira.

**SEGRETO n. 12: per una strategia di comportamento vincente occorrono soltanto due elementi fondamentali perché la trasmutazione si compia: motivazione + pensiero positivo.**

La premessa di qualsiasi successo è una forte motivazione. Senza questa spinta non si giunge a niente, quindi se davvero vuoi raggiungere il tuo obiettivo, **comunicare con efficacia, in modo convincente e gestendo nel modo migliore la propria emotività**, sarà meglio mantenere sempre vivo il fuoco dell'entusiasmo. Pensa positivo e visualizzati al traguardo. La formula del successo è semplice: concentrati su ciò che davvero vuoi e l'otterrai. PROVARE PER CREDERCI.

RIEPILOGO DEL CAPITOLO 2:

•SEGRETO n. 1: quanto più un'emozione è intensa, tanto più risulta incancellabile dalla mente.

•SEGRETO n. 2: la maggior parte delle fobie s'impara, di conseguenza è possibile anche disimpararla.

•SEGRETO n. 3: tutti possiamo cambiare (e migliorare) se vogliamo.

•SEGRETO n. 4: la tua realtà è la realtà che ti sei creata.

•SEGRETO n. 5: dipende solo da te cosa vuoi essere, signore di te stesso o schiavo dei tuoi comportamenti.

•SEGRETO n. 6: comunicare significa trasmettere, ma soprattutto far capire ad altri il nostro messaggio.

•SEGRETO n. 7: perché la comunicazione sia davvero efficace deve esserci totale allineamento tra i tre livelli di comunicazione: verbale, paraverbale e non verbale devono rimandare il medesimo messaggio.

•SEGRETO n. 8: se prenderemo coscienza dei nostri schemi di comportamento e dei nostri programmi inconsci, saremo anche in condizione di modificarli come vogliamo.

•SEGRETO n. 9: la PNL non è una scienza esatta e non è neppure un insieme di tecniche utili per scalare il successo, è piuttosto un atteggiamento di curiosità, di apertura mentale che ci consente di utilizzare strategie d'eccellenza nel campo nel quale vorremmo emergere.

•SEGRETO n. 10: se riusciremo ad essere efficaci e convincenti con noi stessi, saremo in grado di mutare in meglio non solo gli stati emozionali, ma anche la nostra stessa fisiologia.

•SEGRETO n. 11: la differenza che fa la differenza rispetto a tutti coloro che non ce l'hanno fatta e giacciono dimenticati e ignorati dal mondo è soltanto una: l'impiego di strategie mentali simili.

•SEGRETO n. 12: per una strategia di comportamento vincente occorrono soltanto due elementi fondamentali perché la trasmutazione si compia: motivazione + pensiero positivo.

# STEP 3:

## Come si fa a rendere comunicabile un'idea

L'idea di base c'è. Adesso bisogna stenderla sulla carta. Qualunque discorso, ancor più se siamo agli inizi, è necessario prepararlo sulla carta.

È un primo aspetto del *public speaking* forse un po' noioso ma indispensabile se non vuoi poi esporti a brutte figure.

Problema: come si fa a rendere comunicabile un'idea? Come si struttura un discorso, in quale ordine è consigliabile mettere a fuoco gli argomenti? Abbiamo premesso che il messaggio, sia pure in forma schematica, è ben chiaro nella nostra mente.

Ora si tratta di dargli polpa e buccia, sostanza e forma. È un compito da sviluppare in cinque punti base e per ricordarcene immaginiamo che abbia l'aspetto di un percorso a stella dove ciascun vertice è un momento del nostro discorso.

Il **primo punto** da esaminare riguarda la ricerca degli argomenti da assemblare. Sulla base di che cosa? Delle letture (libri, articoli, documenti), delle esperienze personali, delle riflessioni.

Scelti i punti chiave, si passa alla **scaletta**: gli argomenti dovranno essere disposti in modo da mettere a fuoco il nostro messaggio. È il progetto schematico di quello che sarà il nostro discorso. È un po' come progettare un romanzo, un racconto, che hanno bisogno per prendere forma di uno schema base, costituito da un incipit, da una o più tensioni tali da creare il climax e, infine, da una conclusione. Il terzo punto concerne un aspetto importante della inter-relazione tra noi e il pubblico: l'**espressione**. Dobbiamo costruire parola per parola il nostro discorso prevedendo una serie di accorgimenti atti a mantenere desta l'attenzione degli ascoltatori. È il momento di cominciare a mettere a punto il nostro stile, che altro non è se non la sostanza del nostro argomentare contenuta nella forma che la esprime. Esistono tante figure di pensiero e di parola che possono esserci d'aiuto per dare agilità o arguzia al modo di esprimerci. Sono le loro definizioni linguistiche che agiscono da freno al loro uso e consumo.

Se ti dicessi di usare a piene mani *anàstrofi*, *isocoli*, *omoteleuti*, oppure *aporie*, *metanoie*, *litoti*, *chiasmi*, *ossimori*, forse ricorreresti ad un amico farmacista per farti spiegare se questi farmaci hanno degli effetti corollari e controindicazioni nocive per l'organismo. Niente paura, sono soltanto i nomi con cui sono conosciute alcune figure retoriche, molto utili per accrescere l'efficacia del discorso.

*Anastrofe* è, per esempio il modo di parlare di Yoda, il maestro jedi di "Guerre stellari": *«Per ottocento anni ho io istruito jedi e giudizio darò io su chi istruito dev'essere.»*

*Un'immagine, un suono, un sapore. La multisensorialità rappresenta il superamento del simbolo negativo delle tre scimmie: la scimmia che ha le mani sugli occhi, ascolta, quella che ha le mani sulla bocca, guarda, quella che le ha sulle orecchie, gusta.* Ecco, la frase che avete appena letto è, invece, un esempio di *isòcolo*.

*È possibile essere chiari pur senza ricorrere al gergo di corporazione? È davvero possibile farlo con la certezza di essere capiti?* Manifestare dei dubbi ponendosi delle domande è un esempio di *aporia*.

*Da quando alla televisione sente parlare i cronisti delle autorità, anche lui non arriva più: giunge. Non sta a sentire: ascolta. Non aspetta: attende. Se scende, scende ossequiato o attorniato.* L'esempio tratto da Ennio Flaiano si definisce linguisticamente *metànoia*.

Unire due termini antitetici in una sorta di legame paradossale è definito *ossimoro*: il serial killer può essere definito un *pazzo lucido*; una delle canzoni più famose di Tony Dallara è stata "*Ghiaccio bollente*".

Un esempio di *metonimia* è invece quando dico che *quest'estate mi porto King al mare*, il che non vuol dire che costringo il povero Stephen King ad abbandonare il suo amato Maine per accompagnarmi a Riccione, ma semplicemente che mi porto i suoi romanzi sotto l'ombrellone.

Consigliabile è poi l'uso della *metafora*. *Similitudo brevis*, la definiva Quintiliano, il retore latino. Infatti, dire che Pinco Pallino è un orso, significa nella realtà affermare che è pigro come un orso, un pantofolaio che una volta a casa non ama lasciare la tana. L'uso delle figure retoriche, delle acrobazie e delle arguzie verbali, degli aforismi, è più che consigliato: l'importante è far sì che i nostri ascoltatori non si sentano nell'anticamera dell'anestesia totale.

Il quarto punto della mappa riguarda la **memoria**, o meglio le tecniche di memorizzazione del discorso. I metodi per mandare a memoria un discorso sono i più vari. Cicerone si basava sui "*loci*". I luoghi attraversati per andare da casa in tribunale equivalevano ai punti salienti della sua arringa.

Per Pico della Mirandola non erano i luoghi a scandire i punti da memorizzare, ma le stanze del suo palazzo. Il metodo che ti suggerisco è quello di creare una mappa mentale da disegnare sulla carta. Il nostro cervello lavora per associazioni. Ciò che dovrai tracciare sul foglio sono i punti chiave che faranno scattare le diverse associazioni mentali in riferimento all'argomento base. Il disegno è importante perché è quello che farà "divertire" l'emisfero destro nel crearlo e lo indurrà poi a ricordarsi l'argomento più agevolmente. Prendiamo a titolo d'esempio l'argomento di questo ebook. Se volessimo memorizzarlo nei suoi punti chiave, disegneremmo una mappa molto semplificata delle associazioni:

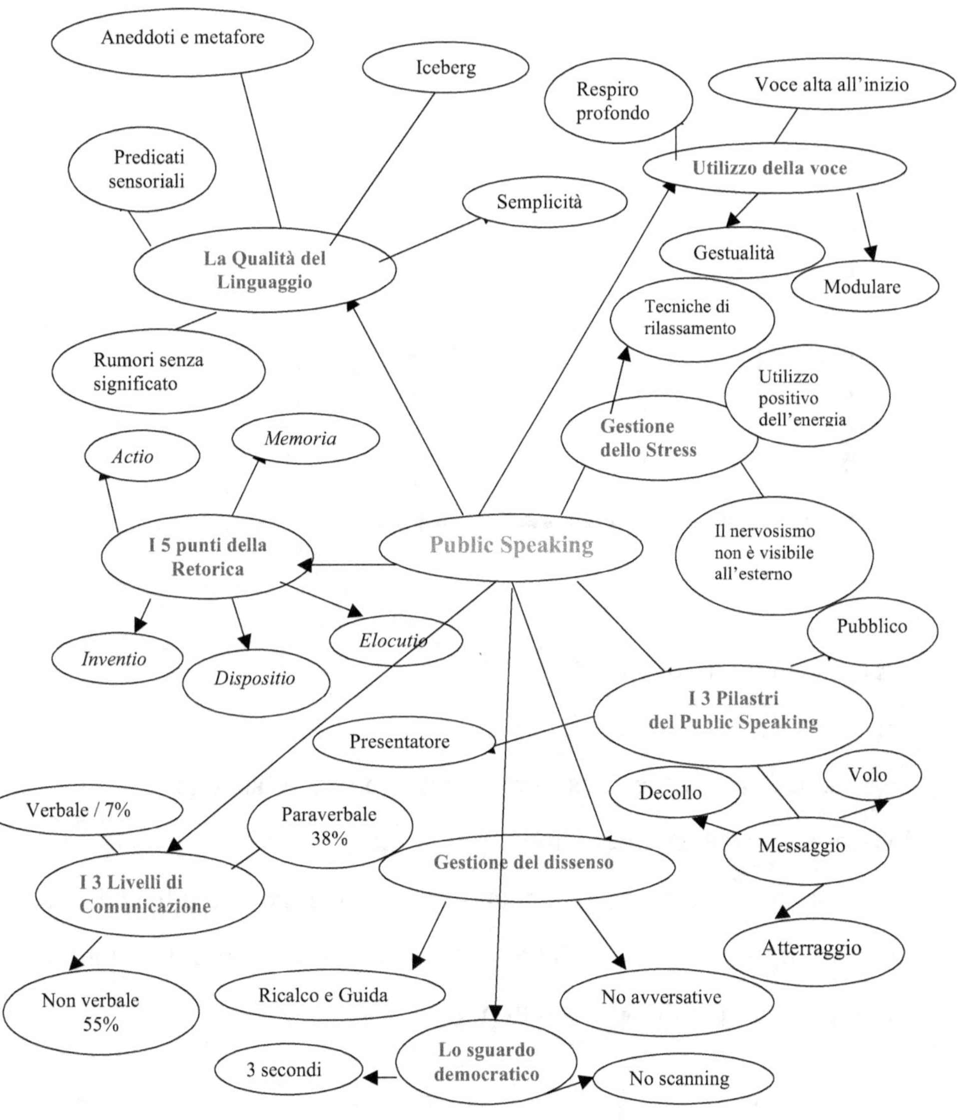
Aneddoti e metafore
Iceberg
Respiro profondo
Voce alta all'inizio
Predicati sensoriali
Semplicità
Utilizzo della voce
La Qualità del Linguaggio
Gestualità
Modulare
Tecniche di rilassamento
Rumori senza significato
Utilizzo positivo dell'energia
Memoria
Actio
Gestione dello Stress
I 5 punti della Retorica
Public Speaking
Il nervosismo non è visibile all'esterno
Inventio
Dispositio
Elocutio
Pubblico
I 3 Pilastri del Public Speaking
Presentatore
Volo
Decollo
Messaggio
Verbale / 7%
Paraverbale 38%
Gestione del dissenso
I 3 Livelli di Comunicazione
Atterraggio
Non verbale 55%
Ricalco e Guida
No avversative
3 secondi
Lo sguardo democratico
No scanning

Il grafico seguente è lo schema di memorizzazione.

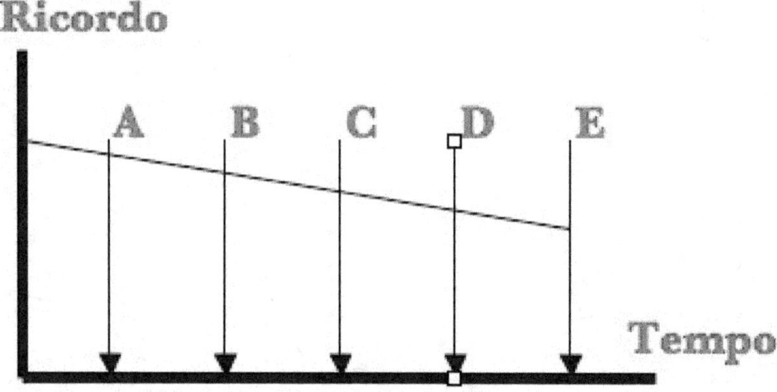


A) Disegnare la mappa;

B) ridisegnarla 24 ore più tardi;

C) dopo una settimana osservare la mappa e studiarsela;

D) ripassarsela ancora un mese più tardi;

E) riprendere la mappa in mano sei mesi dopo e studiarsela; a questo punto la tua scaletta è entrata nella memoria a lungo termine e non la dimenticherai più.

Colgo ancora un'obiezione: perché imparare a memoria il discorso quando basterebbe leggerlo per eliminare gran parte dell'ansia da prestazione? Sbagliato.

**SEGRETO n. 1: l'aspetto più rilevante della comunicazione è l'interazione con gli ascoltatori. Se leggi, non riuscirai a creare quella familiarità, quella confidenza, quella naturalezza di rapporti con chi ti ascolta. Non ci sarà sintonia con il pubblico.**

Il feedback che ne riceverai sarà fatto di sbadigli, di sguardi vacui, braccia conserte, gambe accavallate, tutti segnali d'indisponibilità e di noia. Certo capiterà di dover leggere dichiarazioni, dati, cifre, ma allora sarà meglio farlo seguendo la punteggiatura, che quanto meno potrà suggerirti il ritmo logico di lettura connesso a un minimo di qualità espressiva della voce.

L'ultimo vertice della stella riguarda proprio l'**analogico**: il mettere a punto il discorso sulla base dei cambi di tono, della mimica, della gestualità. È necessario a questo punto lasciare spazio alla creatività, fare pace con l'emisfero destro del cervello, se fino a questo momento hai dato prevalenza al sinistro, alla tua parte superlogica. Fai in modo che l'inconscio scenda in campo per aiutarti, che sia proprio lui a dialogare con l'inconscio dei nostri ascoltatori.

Adesso tocca a te: ti lascio questa pagina bianca per disegnare la tua mappa mentale. Ripensandoci bene, i cinque punti di base che abbiamo illustrato, non sono invenzioni dell'arte della comunicazione moderna, sono gli stessi punti di fondamento dell'antica retorica, intesa come arte della *rhesis*, della parola. *Inventio, dispositio, elocutio, memoria, actio...* l'arte del discorso è un'arte antica.

Nasce, secondo la tradizione, a Siracusa verso la metà del V secolo a.C. quando, in seguito alla caduta del tiranno Trasibulo, si assiste ad una serie infinita di processi intentati da privati cittadini per recuperare i propri beni confiscati. È qui che abili avvocati del valore di Corace e di Tisia fissano le basi della retorica, intesa come insieme di tecniche per costruire un discorso in grado di convincere il pubblico e guadagnarne il consenso. La retorica si sviluppa da ora in avanti come arte e come tecnica del costruire discorsi persuasivi. In seguito con Protagora, ad Atene, viene approfondita la teoria dell'antitesi: lo stesso argomento può essere affrontato a partire da punti di vista opposti. Non esistono verità assolute, ma solo relative a determinati punti di vista. Con Gorgia di Lentini, altro grande retore, si esaltano i poteri della parola con le sue capacità di fascinazione grazie ai suoi poteri di suggestione e di evocare emozioni.

Con Platone poi, alla retorica dei sofisti fondata sull'adulazione, si contrappone la dialettica, intesa come arte del discutere componendo gli argomenti secondo categorie essenziali per arrivare a una sintesi. Solo in questa maniera, secondo il grande filosofo greco, la scienza può prevalere sulla *doxa*, l'opinione. Con Aristotele la retorica, assimilata alla dialettica, diventa soprattutto uno studio approfondito sui mezzi di persuasione di massa.

Aristotele è il primo a dirci che per costruire un discorso di tipo dimostrativo bastano due passaggi: l'enunciazione della tesi e la sua dimostrazione. È il primo a tramandarci lo schema base di come si struttura un discorso ed anche a suggerirci come bisogna parlare. Consiglia l'impiego della metafora allo scopo di chiarire meglio i concetti e non disdegna l'uso di battute, paradossi, doppi sensi, indovinelli pur di rendere arguto il discorso. Consiglia di comporre il messaggio in funzione del tipo di pubblico. Non solo, il buon comunicatore per essere tale deve possedere in egual misura carattere e capacità di muovere passioni, ha l'obbligo di apparire credibile e soprattutto deve essere in grado di creare con i suoi interlocutori la massima empatia.

È tenuto ad esprimere i suoi concetti in modo semplice e chiaro, integrando alla perfezione linguaggio verbale e linguaggio non verbale, la parola, il tono, il gesto. Sarai d'accordo con me nel trovare Aristotele di una modernità sconvolgente.

Almeno a livello teorico, se hai letto, messo in pratica e metabolizzato l'ebook precedente "Voce da speaker", hai imparato la corretta pronuncia delle parole, grazie alla quale hai messo il bavaglio alle inflessioni dialettali. Con le regole dettate dalla corretta pronuncia dell'italiano e una buona dizione, adesso dovresti essere in grado non solo di leggere un testo, ma anche di esprimerti senza l'ausilio di un supporto scritto. Se ciò appare semplice quando interagisci con un amico, un collega, un conoscente, diventa più complicato se devi esibirti in pubblico. Intanto, è buona norma seguire un primo dettato di base:

**SEGRETO n. 2: si dovrebbe parlare in pubblico soltanto se si ha qualcosa da dire, altrimenti è meglio tacere.**

Se, tuttavia, davvero senti l'impulso incoercibile di dover comunicare a più di dieci persone che ti ascoltano una notizia, un progetto, un indirizzo programmatico, sarebbe un'imperdonabile stupidaggine parlare in modo da non farsi capire.

**SEGRETO n. 3: Le cosiddette capacità affabulatorie, l'arte di parlare insomma, non si acquisiscono per diritto di nascita, s'imparano con il costante allenamento.**

Senza dubbio, uno dei più potenti freni che c'impediscono di parlare in pubblico, come di fare altre cose che pure ci sarebbero utili per progredire nella scalata del successo personale, sono l'ansia, la paura che nasce dall'inesperienza e dall'insicurezza. L'emozione ci prende alla gola, le tempie pulsano, la salivazione si azzera, il cuore ci batte contro lo sterno a velocità forsennata, vorremmo fuggire, trovarci miglia e miglia lontani da quella sala, ma il nostro ruolo, la nostra professionalità, c'inchiodano alla responsabilità di dover parlare. Tutte quelle persone che ci stanno davanti sono lì per noi, attendono le nostre parole per sapere come comportarsi in futuro. Allora, che fare? Girare pagina e leggere il prossimo step.

RIEPILOGO DEL CAPITOLO 3:

•SEGRETO n. 1: l'aspetto più rilevante della comunicazione è l'interazione con gli ascoltatori. Se leggi, non riuscirai a creare quella familiarità, quella confidenza, quella naturalezza di rapporti con chi ti ascolta. Non ci sarà sintonia con il pubblico.

•SEGRETO n. 2: si dovrebbe parlare in pubblico soltanto se si ha qualcosa da dire, altrimenti è meglio tacere.

•SEGRETO n. 3: le cosiddette capacità affabulatorie, l'arte di parlare insomma, non si acquisiscono per diritto di nascita, s'imparano con il costante allenamento.

# STEP 4:

## Che etichetta dai alla tua ansia?

Un aspetto importante della nostra vita che ci riguarda da vicino è **imparare a risolvere i propri conflitti interni.** Ti faccio un esempio perfettamente pertinente all'argomento di questo ebook: il *public speaking*. Immagina due persone che devono tenere il loro primo discorso davanti a un pubblico numeroso. Entrambe provano una fastidiosa sensazione allo stomaco. L'unica differenza fra loro è ciò che pensano: il primo teme che dimenticherà tutto e non spiccicherà parola e c'è rischio che andrà proprio così. L'altro, invece, pur provando le stesse sensazioni di fastidio del primo, attribuisce loro un'etichetta diversa: si sente elettrizzato, carico di adrenalina, pronto e sicuro che la sua prestazione sarà eccezionale.

Quale significato dare a tutto ciò? L'emozione è un'etichetta che dai ad una tua sensazione o ad una tua reazione. Ogni volta che provi un'emozione, si crea in te un accumulo di energia che deve essere liberato.

Domanda: quale etichetta applichi alla tua sensazione di bruciore di stomaco, di tremore alle mani, di senso di soffocamento alla gola e via dicendo, man mano che si approssima la data della tua esibizione in pubblico? Ti senti in uno stato d'ansia o piuttosto ti senti galvanizzato dalla prospettiva di parlare alla gente? Se appartieni alla seconda categoria, questo ebook ti serve relativamente nella parte dove si parla della migliore gestione dell'ansia. Se, invece, fai parte della maggioranza che teme il contatto con il pubblico questa è la parte più importante per te.

Senza dubbio, l'abbiamo già detto, uno dei più potenti freni che c'impediscono di parlare in pubblico, come di fare altre cose che pure ci sarebbero utili per progredire nella scalata del successo personale, sono l'ansia, la paura che nasce dall'inesperienza e dall'insicurezza. L'emozione ci soffoca, le tempie pulsano, la salivazione si azzera, il cuore accelera i battiti, le mani tremano, proviamo un senso di bruciore allo stomaco, e quel che è peggio abbiamo la sensazione del più desolante vuoto mentale.

Vorremmo fuggire, trovarci lontani da quella sala, ma il nostro ruolo, la nostra professionalità, c'inchiodano alla responsabilità di dover parlare. Tutte quelle persone sedute davanti a noi, vogliono sapere cosa abbiamo da dire. E allora, che fare? Bisogna affidarci alla tecnica. Il cosiddetto *Public Speaking* è proprio una tecnica, un insieme di regole di comportamento grazie alle quali è possibile persuadere l'ascoltatore della bontà di un discorso.

Ricordi l'esercizio di rilassamento del quale abbiamo parlato nella lezione sulla respirazione nel mio ebook precedente "Voce da speaker"? È il momento di provarne l'efficacia. Dobbiamo recuperare quel tipo di respirazione pacata, tipica di quando, seduti in poltrona, siamo immersi nella lettura di un libro. Prendi due o tre respiri profondi e lenti secondo il ritmo 6-3-12. Ripeto: conta mentalmente fino a sei in fase d'inspirazione, fino a tre o più in fase di apnea, infine fino a dodici mentre espiri. Considera, tra l'altro, che l'iperventilazione polmonare permette una migliore ossigenazione del cervello. Ciò ti consente di riacquistare la lucidità mentale e di uscire dall'imbarazzante situazione del vuoto mentale.

**SEGRETO n. 1: l'abitudine a pensare in positivo e una sana**

**tendenza all'ottimismo sono i migliori antidoti all'ansia.**

Tu, come me ed altri come noi, ti sarai trovato a dover sostenere un esame, un provino oppure un colloquio di lavoro dal quale dipendeva il tuo avvenire. Ricordi qual era il tuo stato d'animo? Al pensiero di quel momento fatidico creavi una serie infinita d'immagini mentali che, poste in sequenza, diventavano un film dell'orrore da far accapponare la pelle.

Tutto andava a rotoli e, quel che è peggio, quelle fosche previsioni ti facevano star male, mentre la tua paura del fallimento ingigantiva a dismisura. La PNL ci dice: «*Ciò che immaginiamo con tanta vivezza da coinvolgere la sfera emotiva è come se avvenisse davvero nella realtà, almeno come risposta fisiologica, mentale, emozionale.*» Allora, se il meccanismo funziona così bene quando pensiamo al peggio, proviamo a capovolgere le attese. Altro che filmato dell'orrore, realizziamo nella nostra mente un film in cui tutto ci va più che bene.

Proviamo ad immaginare nel dettaglio come si svolgerà la nostra prestazione oratoria: parole e concetti ci usciranno con facilità di bocca, coglieremo nel pubblico interesse e approvazione. Riviviamo questa piacevole sensazione nella nostra mente due, dieci, venti volte perché quando davvero ci troveremo a parlare in pubblico non sarà più la prima volta, ma la ventunesima. Per il cervello non sarà più una novità.

Ripartiamo dall'inizio: la paura di parlare in pubblico. Smontiamo l'ennesimo luogo comune.

**SEGRETO n. 2: l'ansia che ci pervade prima di parlare in una conferenza, prima di un esame, di un provino, è soltanto un'idea, non una realtà.**

È assurdo a pensarci. Siamo agitati per eventi non ancora accaduti e che magari non accadranno mai. Che l'idea della nostra prestazione possa emozionarci è naturale. Guai se non fosse così! I tipi glaciali e iper-razionali hanno sempre ottenuto risultati men che mediocri. Una spruzzata d'emozione è quel che ci vuole per dare alla nostra *performance* il giusto condimento. Dobbiamo soltanto impedire che divenga la nostra palla al piede, il freno d'ogni nostra espansione.

Dici che in passato almeno una piccola esperienza negativa l'hai avuta e solo per questo motivo l'idea di parlare in pubblico ti getta nel panico. In primo luogo devi impedire al tuo cervello di generalizzare.

Se quando eri un bambino un'iniezione ti ha procurato dolore, non puoi pensare che tutti quelli che hanno in mano una siringa ti faranno male.

Che cosa ti manca per non avvertire un tremolio alle gambe, palpitazioni al cuore, l'impressione di avere la mente svuotata di idee? Autostima? Sicurezza? Fiducia? Senti che non ce la farai, provi un senso d'inadeguatezza, un totale vuoto mentale? Bene, un antidoto all'auto avvelenamento da profezie negative ci sarebbe: si chiama SCOZZATA.

Prima di spiegarti il procedimento, è necessario, però, ritornare al concetto d'*ancoraggio*. Sicuramente ti sarà capitato di osservare una vecchia foto e subito la tua mente t'avrà riportato indietro nel tempo facendoti riassaporare emozioni dimenticate. Anche un profumo potrebbe essere il tramite per un episodio emozionante del passato, bello o doloroso della nostra vita non ha importanza.

**SEGRETO n. 3: quando un'immagine, un profumo, un suono, sono correlati ad uno stato emotivo o ad una reazione di comportamento, vuol dire che si è verificato un ancoraggio.**

Le ancore possono essere gettate naturalmente sia con intenzione. La **scozzata** è una tecnica basata sulla sostituzione mentale di un'immagine negativa con un'altra positiva. In parole diverse, con questa tecnica è possibile trasformare aspettative negative in positive. «Non ricordo niente di ciò che dovrò dire» «non spiccicherò parola», «non riuscirò a farmi capire»: queste prospettive "no" non avranno più ragion d'essere.

Seduto dove ti pare, mani rilasciate lungo i fianchi, piante dei piedi ben aderenti al pavimento, schiena diritta, visualizza l'immagine di come temi di essere davanti al pubblico: insicuro, pieno d'ansia, senza fiducia in  te stesso. Osservala mentre poco per volta perde colore, fino a scolorare in bianco e nero. Poi, aiutandoti con l'indice della mano destra (sinistra, se sei mancino), allontana l'immagine da te fino a farla diventare un puntino. In una sorta di dissolvenza incrociata, sostituisci l'immagine vecchia con una nuova, a colori, nella quale appari invece sicuro, fiducioso, pienamente capace di coinvolgere i tuoi ascoltatori, e ingrandiscila man mano che avanza verso di te. Ripeti l'esercizio almeno sette volte con una pausa tra un esercizio e l'altro, aprendo e chiudendo gli occhi.

Naturalmente perché la tecnica abbia un risultato positivo e provochi un mutamento nel tuo modo di comportarti, è consigliabile ripetere la *scozzata* più volte durante la settimana che ti separa dal tuo impegno, sia esso un esame, un provino o  la prestazione in pubblico che ti spaventa tanto.

Parole come "trance" e "ipnosi" non devono spaventare, come se fossero subdoli mezzi, messi in atto da persone poco raccomandabili per manipolare la buona fede della gente. Possono, al contrario, essere tranquillamente sostituite da una frase innocua come "comunicazione interiore". Allorché portiamo la nostra attenzione all'interno di noi stessi, ci distacchiamo in misura maggiore o minore dalla realtà esterna ed enfatizziamo la capacità di correlarci con la realtà interiore e con le nostre potenzialità. Ogni istante nel quale ci ripieghiamo in noi stessi (per riflettere, ad es.) può essere considerato un momento di trance. Poiché l'immersione in una realtà interiore corrisponde alla trance, potremo distinguere: momenti di "trance positiva", quali quelli attuati sotto la guida di un ipnotista o quelli di uno spirito creativo, da momenti di "trance negativa", come quelli che avvengono quando, volendo osservare una dieta, si è attratti da un vassoio di bignè di San Giuseppe e scatta il bisogno incontrollato di assaporarne almeno uno. Questo è un classico caso di "trance negativa" nel quale si perde il contatto con l'esterno e con i propri propositi razionali.

L'autoipnosi poi è una tecnica terapeutica molto efficace. Può essere applicata per risolvere alcuni disturbi della vita di tutti i giorni come: ansia, tensioni, stress, cattive abitudini, ecc. Non solo, essa può utilmente essere impiegata per accrescere le nostre capacità o per raggiungere determinati obiettivi. È un modo, lo ripetiamo, per comunicare direttamente con il nostro inconscio e quindi ottenere risultati o per potenziarli. Per avere successo è fondamentale l'autostima, come noi ci sentiamo e ci vediamo in ogni settore della nostra vita.

**SEGRETO n. 4: l'autoipnosi è utilizzata per aiutarci ad avere**

**una visione di noi vincente e quindi per generare anche nuovi comportamenti.**

L'autoipnosi ci consentirà di mettere a fuoco l'attenzione su ciò che desideriamo, ad esempio sul mantenerci calmi, sereni, concentrati, vigili, con la mente sgombra o totalmente occupati in un'attività da noi scelta: tutto ciò in una condizione d'assoluta libertà da interferenze esterne e da pensieri insignificanti. Con questa tecnica saremo in grado di affrontare esami con sicurezza, sviluppare o abbandonare certe abitudini, ecc.

**L'autoipnosi indiana**

La caratteristica dell'autoipnosi indiana è che si dà molta importanza alla visualizzazione e alla proiezione.

Schema:

- visualizzazione della scena desiderata;
- portare la scena, come fosse un'istantanea di noi stessi all'altezza del cuore e caricarla di emozioni positive: fiducia, sicurezza, tranquillità, disinvoltura e via dicendo;

- portare la scena all'altezza dell'ombelico, al centro del proprio essere;

- iniziare la respirazione con il ritmo 6-3-6 fino a sentire come un'energia che ci pervade;

- visualizzare una luce alla radice del naso sopra le palpebre chiuse;

- inviare un fascio di luce sulla scena;

- compiere una profonda espirazione mandando la scena all'esterno e sentendola divenire vera;

- ringraziare.

> "L'unica cosa che t'imprigiona è la tua mente,
> l'unica cosa che ti può liberare è la tua mente!"
> SAI BABA

Potresti obiettare: perché fare tutti questi sforzi per imbastire un dialogo con l'inconscio quando basterebbe uno sforzo di volontà per cambiare un comportamento sbagliato? Sbagliato. Se servisse soltanto la forza di volontà potremmo smettere di fare tante cose che non ci piacciono: smettere di fumare, esercitare un migliore controllo sul peso, uscire dall'alcolismo, dalla spirale della droga e via dicendo. Certo con la volontà potremmo decidere di non fumare più, ma è sufficiente un piccolo trauma per ricominciare. Perché? La ragione è semplice:

**SEGRETO n. 5: non basta convincere la propria coscienza, bisogna convincere il subconscio.**

Finché nell'inconscio l'immagine che abbiamo di noi stessi è quella del fumatore, del mangione, del bevitore, del drogato, non ci sarà nulla da fare, nonostante tutta la nostra forza di volontà, presto o tardi ricadremo nei nostri errori.

Nella realtà dei fatti, più grande è lo sforzo posto in atto dalla coscienza, minore è il risultato. Ciò che ci si aspetta, sia in senso positivo sia negativo, tende a realizzarsi. Tra volontà e immaginazione vince quest'ultima.

Ne vuoi una prova? Trovati un partner e convincilo a fare un gioco: digli di unire la punta del dito indice con quella del pollice. Vedrai che quando lo avrà fatto, per te occorrerà il minimo sforzo per tornare a separarle.

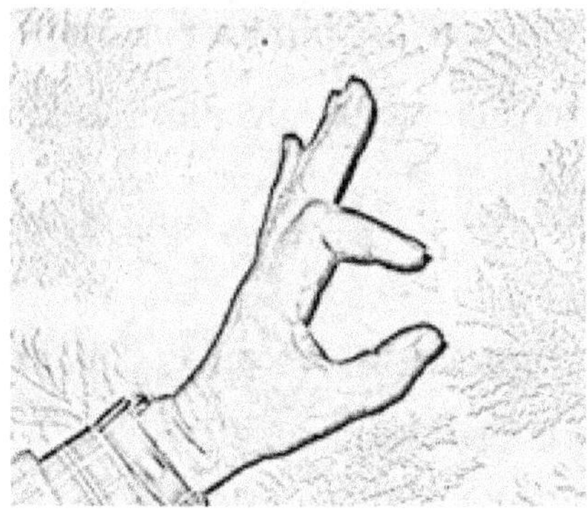

Adesso, però suggerisci al tuo amico (o alla tua amica) l'idea che quelle dita non sono più fatte di ossa e di carne, ma di puro acciaio, tese a formare un anello indissolubile. Prova adesso a staccare l'indice dal pollice. Come vedi, ora è molto più difficile perché nel gioco è intervenuta l'immaginazione (l'inconscio) a rendere più complicata l'operazione.

Ritorniamo alla paura della tua esibizione in pubblico. Ti suggerisco una serie di suggerimenti spiccioli su come gestire nel modo migliore lo stress che ci prende prima d'ogni prestazione di *public speaking*. Il giorno prima è consigliabile scaricare il nervosismo in eccesso facendo dello sport; una partita a tennis, di calcetto, una corsa nel parco, una seduta in palestra e così via, sono un'ottima via di sfogo. Altrettanto bene fa il ricorso ad una tecnica d'auto rilassamento come quella sul respiro (6/3/12), ma ce ne sono tantissime e tutte, se ben condotte, ugualmente positive. Certo anche la pratica aiuta a limitare l'ansia, ma chi possiede un temperamento emotivo, pur avendo alle spalle anni e anni di pratica, non è che con questo dormirà meglio.

**SEGRETO n. 6: c'è soltanto un vero toccasana per l'ansia da prestazione ed è quello che la programmazione neuro linguistica (PNL) definisce il "ponte sul futuro".**

Questo esercizio di pre-visione è adatto a chiunque è in procinto di cimentarsi in una prestazione ad alto livello nella quale sa di doversi esprimere al meglio. Può essere un esame, un colloquio di lavoro, una conferenza, una presentazione, una vendita o una prestazione sportiva, va ugualmente bene.

Immagina un pianista, il quale sa di doversi esibire l'indomani in un concerto. Probabilmente ritieni che il miglior allenamento è quello svolto al pianoforte.

Non è vero. Il nostro concertista non ha bisogno del suo strumento. Seduto in poltrona nella sua stanza, visualizza la tastiera e immagina come devono muoversi le dita seguendo lo spartito. Sa che in un'ora di musica le sue dita compiono circa trentaseimila movimenti e così li ripassa, uno per uno.

In questo modo si allena Giovanni Allevi, uno dei nostri più bravi pianisti. All'intervistatore che si meravigliava del fatto che il giorno prima del concerto non svolgesse alcun allenamento fisico per le mani, Allevi ha risposto: «Non ce n'è bisogno. Dopo l'allenamento mentale le mie mani sanno automaticamente dove andare. Anzi, alla fine ho scoperto che così è anche meglio. Al momento del concerto, quando incontro finalmente il pianoforte, sono più carico. E non ho bisogno di leggere spartiti.» Come dire, ha programmato il cervello ad andare in quella direzione.

Ciò vuol dire che, se invece di un concerto, il tuo compito sarà quello di dover comunicare ad un pubblico di sconosciuti un messaggio, un progetto, basta che, seduto in poltrona, visualizzi non solo parola per parola il tuo discorso, ma anche gli ascoltatori e come saranno coinvolti dal tuo modo disinvolto di parlare, dalla scioltezza del tuo linguaggio, tanto da restare affascinati. Stai pur certo che l'indomani avverrà proprio ciò che hai previsto. Il tuo cervello, l'inconscio, sono preparati e faranno di tutto per darti una mano.

Nel corso del Power Seminar dell'HRD (Human Resource Development Academy), svoltosi al Ciocco (Lucca) dal 28 agosto al 2 settembre 2006, tenuto da Roberto Re, il clone europeo di Anthony Robbins, i trecento allievi, quanti eravamo, si sono sottoposti alle due prove principi del seminario: il "Palo tibetano" e il "Firewalking", due straordinarie esperienze, grazie alle quali s'impara sulla propria pelle che è possibile cambiare, crescere, imbarcarsi in imprese pochi giorni prima ritenute impossibili, e che ansie, paure, incertezze, sono in realtà emozioni e credenze soggettive superabili

La prova del palo tibetano è presto spiegata. Ci si arrampica imbracati per 12 metri su un palo munito di appositi appigli. Una volta giunti in cima, ci si mette in piedi, in equilibrio sulla sommità, e ci si slancia verso un trapezio posto tre metri di fronte a 15 metri dal suolo.

L'esperienza, totalmente viscerale, rappresenta una metafora, grazie alla quale si abbandona la vecchia esistenza per acquisirne una nuova senza le remore del passato, si lascia un vecchio modo di pensare per acquistarne uno nuovo, fatto di nuove certezze e capacità. Ebbene, il team del quale facevo parte è stato sorteggiato per ultimo per compiere l'impresa. Ogni sera, prima di addormentarmi, cercavo di gestire la mia ansia visualizzando la mia arrampicata sul palo appiglio per appiglio, il difficile equilibrio in cima al palo, lo slancio verso il trapezio. Quando finalmente è arrivato il mio turno, per il mio cervello non era la prima volta che mi arrampicavo sul palo, era l'undicesima!

Simile, ma forse, almeno per me, meno traumatizzante è stato passeggiare per dieci metri su una coltre di carboni ardenti senza riportare la minima bruciatura. Operazione che ha avuto una replica altrettanto eccitante pochi mesi fa quando ho partecipato a Londra al corso intensivo di Tony Robbins *"Sprigiona il potere che è in te"*.

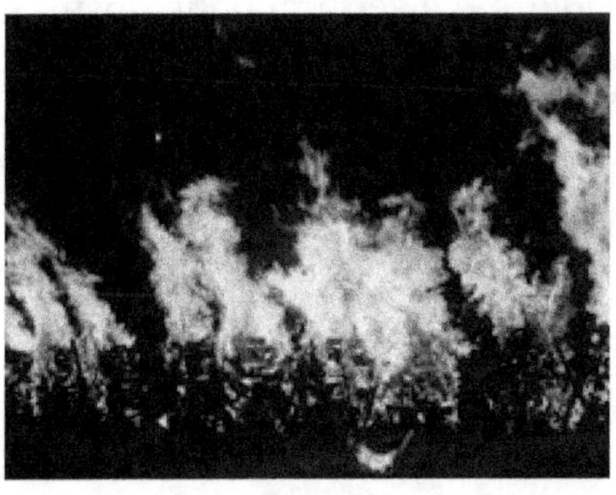

Anche in questo caso è indispensabile esercitare un ferreo controllo sulla propria mente: ti carichi di emozione, fai capire ai tuoi pensieri che sei in grado di dominarli dicendoti: "posso farlo", "voglio farlo", "lo faccio!" e parti spedito ripetendo come un mantra la parola "*ice*", che significa ghiaccio. A Londra la parola chiave era: "*cool musk*" che, tradotto, significa "muschio fresco". Superato il tappeto ardente, ti ripulisci bene le piante dei piedi dei residui di braci e dai sfogo alla tua gioia, toccando con mano una sensazione di libertà e di forza mai provata prima di allora.

«Tutto questo» dice Tony Robbins, «porta ad una sola inevitabile constatazione: il successo non è frutto del caso. Vi sono coerenti, logici moduli d'azione, strade specifiche che portano all'eccellenza, strade che sono alla portata di tutti. Tutti possiamo liberare la magia dentro di noi: dobbiamo semplicemente imparare ad 'accendere' e a servirci delle nostre menti e dei nostri corpi nei modi più potenti e vantaggiosi.»

Abbiamo detto: l'abitudine a pensare in positivo e una sana tendenza all'ottimismo restano i migliori antidoti all'ansia. Allora il mio consiglio è di sederti in poltrona e, ad occhi chiusi, visualizzare nella mente situazioni positive, nelle quali, in passato, grazie alla tua abilità, hai superato situazioni conflittuali. Oppure prova ad immaginare in ogni dettaglio come si svolgerà la tua prestazione di oratore: parole e concetti ti usciranno con facilità di bocca, coglierai nel pubblico interesse e approvazione.

In realtà, se ci pensi bene, basta poco per recuperare il senso di sicurezza: un fondo d'autostima (comincia a volerti più bene e pensa di essere pronto per grandi cose), un minimo d'ironia (non prenderti mai troppo sul serio) mescolata ad una spruzzata di umorismo (sorridi dei tuoi limiti: tutti ne abbiamo, nessuno è perfetto). Credo di averlo già scritto in altre pubblicazioni, non importa se mi ripeto, "la ripetizione è la madre di tutte le abilità", ama dire Tony Robbins, il concetto è troppo importante e vorrei che s'imprimesse a caratteri indelebili nella tua mente:

**SEGRETO n. 7: il tuo stato d'animo non deve dipendere dagli avvenimenti che si succedono nel corso della tua esistenza, ma da come noi reagisci di fronte ad essi.**

Anche di fronte all'evento più tragico, devi far di tutto per cogliere anche il più piccolo lato positivo e uniformare ad esso il tuo comportamento. Forse non cambierà la tua vita, ma senza dubbio vivrai meglio.

A questo punto credo che tu abbia bene affilato le armi a disposizione (verbale – paraverbale - analogico) e sia pronto a scendere nell'agone della comunicazione. È inutile ripensarci su, non ci sono più scuse, né ansie, né inadeguatezze che tengano. Resta un'unica verità, quella di Dale Carnegie, uno dei più importanti comunicatori americani del '900.

RIEPILOGO DEL CAPITOLO 4:

•SEGRETO n. 1: l'abitudine a pensare in positivo e una sana tendenza all'ottimismo sono i migliori antidoti all'ansia.

•SEGRETO n. 2: l'ansia che ci pervade prima di parlare in una conferenza, prima di un esame, di un provino, è soltanto un'idea, non una realtà.

•SEGRETO n. 3: quando un'immagine, un profumo, un suono, sono correlati ad uno stato emotivo o ad una reazione di comportamento, vuol dire che si è verificato un ancoraggio.

•SEGRETO n. 4: l'autoipnosi è utilizzata per aiutarci ad avere una visione di noi vincente e quindi per generare anche nuovi comportamenti.

•SEGRETO n. 5: non basta convincere la propria coscienza, bisogna convincere il subconscio.

•SEGRETO n. 6: c'è soltanto un vero toccasana per l'ansia da prestazione ed è quello che la programmazione neuro linguistica definisce il "ponte sul futuro".

•SEGRETO n. 7: il tuo stato d'animo non deve dipendere dagli avvenimenti che si succedono nel corso della tua esistenza, ma da come noi reagisci di fronte ad essi.

# STEP 5:

## Come si utilizza la tecnica del ricalco?

Il **presentatore** (conferenziere, oratore, come vuoi chiamarlo) rappresenta il primo tassello del gran mosaico del *Public Speaking*.

**SEGRETO n. 1: il primo impatto con il pubblico è quello che determinerà la qualità e la riuscita della comunicazione.**

È il momento che incute più paura, è l'istante in cui ti rendi conto di mettere in gioco la tua credibilità.

*Se sbagli la prima volta, il paracadutismo non fa per te.*

Anche se in maniera meno traumatica, capita lo stesso con il parlare in pubblico: *non c'è una seconda occasione per dare una prima buona impressione.* Con questo non voglio spaventarti più di quanto non lo sei già al pensiero di doverti misurare con una platea di quattro gatti o con una folla oceanica.

Se temi il giudizio della gente, se non sei tranquillo con te stesso, se la tua autostima è al più basso livello della sopportabilità, se il pubblico appare poco interessato a ciò che stai per dire e tu non sei pronto ad affrontare un qualunque dissenso, le cose per te si mettono male. Se ci pensi bene, è proprio qui che nasce la psicosi del parlare in pubblico. Prima di arrivare a questo punto, tuttavia, sarà bene tener conto di certi aspetti che è consigliabile non sottovalutare. Il primo punto è sapere se sei motivato.

**SEGRETO n. 2: una buona motivazione è il motore della tua performance**.

Hai l'obiettivo dichiarato di diffondere un messaggio, un progetto al quale tieni moltissimo. Ottimo, quanto più sei motivato, tanto più sarai in grado di trasmettere entusiasmo, passione. Al momento del primo impatto, devi apparire rilassato, disponibile, consapevole di ciò che avviene intorno a te. Albert Mehrabian dimostrò una cinquantina d'anni fa in un saggio mai confutato che nella comunicazione umana solo il sette per cento del significato di ciò che si dice con le parole (verbale) è assorbito dagli ascoltatori, il 93 per cento è trasmesso e assimilato dall'inconscio.

**SEGRETO n. 3: l'aspetto analogico (non verbale) è la parte più importante della comunicazione ed è in stretto collegamento con la fisiologia: le intonazioni di voce, il volume, le pause, le improvvise accelerazioni o decelerazioni di voce, la maniera in cui stai in piedi, come posizioni il corpo, come muovi le mani, come respiri, l'espressione del viso, danno significato a ciò che dici.**

Stando così le cose, non puoi confondere l'ascoltatore inviando segnali contraddittori. Se sei instabile sulle gambe, o ti pari il fondoschiena con le mani, oppure ti metti in difesa con le mani a foglia di fico sui genitali o stai con le mani in tasca come se giocassi con le monetine, oppure dimostri la tua mancanza di disponibilità standotene con le braccia conserte o con i pugni chiusi, ciascuna di queste posture è un segnale che trasmette uno stato di stress, d'insicurezza, di tensione, di nervosismo, all'intera assemblea.

**SEGRETO n. 4: per non distrarre gli ascoltatori e trasmettere sicurezza è necessario stare diritti in piedi, ben bilanciati sui talloni, con le gambe e i piedi leggermente divaricati, mano nella mano all'altezza dello stomaco oppure con le braccia rilasciate lungo i fianchi.**

Puoi cominciare a parlare in questa posizione, poi quando avrai agganciato l'attenzione del tuo pubblico, potrai gesticolare come vorrai, seguendo il ritmo della tua comunicazione.

Il primo nemico da combattere è lo stress. Il problema è che, lo abbiamo visto poche righe più sopra, ci sono molte maniere per trasmettere lo stress, ma poche per comunicare sicurezza. Certo la posizione dello "scoglio contro marea", come ama definirlo Max Formisano, uno dei più noti formatori italiani, è un buon punto di partenza. La maniera migliore per eseguirla è quella di tenere focalizzato il pensiero sul baricentro del proprio corpo (la zona dell'ombelico).

Immagina poi che un fascio di luce, piovuto dall'alto, attraversi il tuo corpo radicandosi sotto i piedi fin nel pavimento e un altro fascio luminoso intersechi trasversalmente il precedente all'altezza dell'ombelico. Ti assicuro che niente potrà smuoverti da quella posizione, neppure la carica di un trequartista degli All Blacks. L'effetto sarà quello di trasmettere sicurezza. Te ne renderai conto da solo osservando come cambia il ritmo del respiro e come la stessa voce assume un'altra sonorità.

**SEGRETO n. 5: un altro modo per gestire nel modo migliore la propria emotività nel corso della prestazione di *public speaking* è l'uso della voce.**

Comincia a parlare con un tono di voce forte. È un bel modo di scaricare la tensione. Anche l'uso della gestualità per sottolineare questo o quel passaggio ti aiuta a sbarazzarti del nervosismo.

**SEGRETO n. 6: la ciliegina sulla torta di un buon rapport con il pubblico è quella di "settare", configurare, i tuoi ascoltatori.**

Non ti si richiede di ricorrere ai poteri paranormali, se ne possiedi, per compiere una vera e propria lettura del pensiero dei tuoi ascoltatori. Aiuterebbe, ma non è indispensabile. È sufficiente anticipare quelle che potrebbero essere le obiezioni del pubblico per avere la certezza che saranno cancellate definitivamente dalla testa degli ascoltatori.

Per esempio, nelle battute iniziali dei miei corsi di comunicazione faccio sempre riferimento al mio background radiotelevisivo per togliere al mio pubblico il dubbio e possa chiedersi da che pulpito arrivi la mia predica. Alla fine colgo il mormorio: «Ah sì, la voce di Sfide, di Superquark…» e posso star sicuro che accetterà come oro colato i miei suggerimenti sul come utilizzare la voce nel modo migliore.

È bene, tuttavia, saper prevenire tutte le richieste del pubblico, anche quelle apparentemente più stupide come: «Dov'è il bagno?», «è prevista una pausa?», «quanto dura la pausa pranzo?» e via dicendo, oppure se si faranno applicazioni pratiche o, ancora, quali saranno i vantaggi ottenibili dalla frequentazione del corso.

**SEGRETO n. 7: uno dei modi più diretti per creare *rapport*,**

**ma anche per valutare lo stato di sintonia con il pubblico, è lo sguardo.**

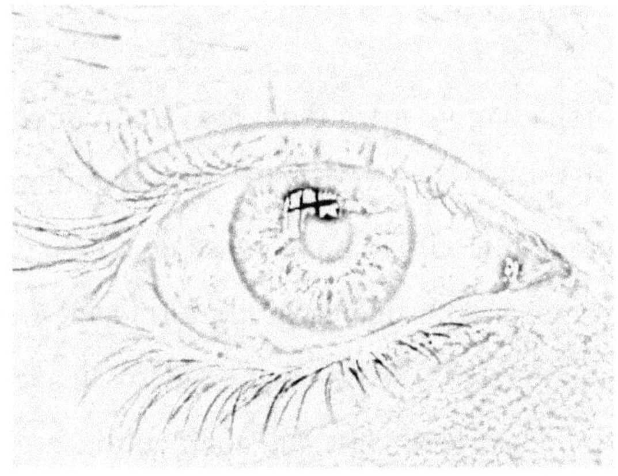

È difficile, per non dire impossibile, mantenere sotto controllo la propria gestualità spontanea. L'unica autogestione che possiamo fare è indirizzare bene il proprio sguardo. Sarebbe un errore madornale tenere gli occhi fissi sul foglio d'appunti oppure lasciare il proprio sguardo perdersi nel vuoto per fissare un punto indefinito del soffitto. In questo modo non riusciremmo a monitorare il feedback del nostro uditorio.

Se terremo lo sguardo sui nostri ascoltatori, saremo in grado di valutare dalle loro reazioni non verbali, dal linguaggio del loro corpo, se sono interessati o annoiati, stanchi o semplicemente rilassati, dubbiosi o concordi col nostro dire. Lo sguardo deve essere democratico, nel senso che, sia pure per 2/3 secondi, deve andare ad agganciare l'attenzione di ciascun partecipante, se fai formazione e i tuoi allievi non sono più di dieci/quindici. Se hai di fronte a te una platea di spettatori, lavora su porzioni di pubblico. Comincia dal fondo, così non correrai il rischio di dimenticare qualcuno.

Non commettere l'errore di fare lo *scanning* veloce con lo sguardo dei tuoi ascoltatori. Se poi tra il tuo pubblico dovesse esserci un vip o semplicemente un amico, non dedicare i tuoi sguardi soltanto a loro.

Ti consiglio, al contrario, di guardarli il meno possibile per non essere imputato nel primo caso di piaggeria nei confronti del potente e, nel secondo, per non trasformare in tanti orfani il resto della platea.

**SEGRETO n. 8: lo sguardo è un altro dei modi per liberarti**

**della tensione.**

Se ti senti nervoso e insicuro, allungane la durata. Fissa negli occhi qualcuno del pubblico che mostra di seguirti con interesse, annuisce, ti sorride, e guardalo più a lungo di quello che faresti con altri. Un'altra maniera per gestire al meglio l'emotività è il cosiddetto lancio della scimmia. Che vuol dire?

Le domande sono un mezzo utilizzato dal presentatore per gestire nel modo migliore l'ansia della prestazione. Ti senti in tensione e vuoi in qualche modo sbarazzartene? Getta la scimmia. È una metafora. Significa riservarsi delle domande da porre a qualcuno del pubblico. L'operazione ha un duplice scopo: diminuire il proprio stress e trasferirlo su chi deve rispondere, ma sposta anche il cono di luce dell'attenzione da te su un altro. Che tipo di domande?

Per esempio, un quesito generico: «Vi siete fatti un'idea degli argomenti che tratteremo oggi? »; «Qualcuno di voi ha esperienza d'incontri del genere?»; «Che ne pensate del tempo di oggi?» (se, ovviamente, l'incontro si svolge in un clima afoso o particolarmente piovoso). Certo, è possibile esordire trasferendo l'attenzione dell'uditorio su un lucido, una diapositiva, una clip, con lo scopo di suscitare curiosità, interesse immediato oppure sorpresa. La gestione dell'emotività è molto importante per chi parla in pubblico. Intendiamoci, l'obiettivo non è eliminare l'emozione, la finalità primaria è gestirla. Deve trasformarsi nel trampolino di lancio della nostra prestazione. Il segreto sta nell'utilizzare positivamente l'energia in eccesso nel nostro organismo. L'emozione deve mutarsi in energia comunicativa.

Riepilogando: per la migliore gestione dello stress da prestazione è necessario prendere coscienza che:

1)      il nervosismo non è così palese come immagini: se ti trema la voce, se ti esprimi come se avessi un groppo in gola, stai certo

che queste sensazioni sono appunto "sensazioni" personali, non traspaiono all'esterno;

2)	per gestire l'emotività all'eccesso basta applicare prima della prestazione una qualunque tecnica di rilassamento conosciuta;

3)	è necessario imparare ad utilizzare al meglio l'energia in eccesso: a) aumentando il volume di voce (specialmente all'inizio è consigliabile partire con un volume alto); b) con l'uso massiccio della gestualità; c) muovendosi lungo e attraverso l'aula; d) prolungando il contatto di occhi con il pubblico.

La seconda colonna portante (la prima sei tu che parli) che sorregge l'architrave del *public speaking* è rappresentato dal **pubblico**. Indipendentemente da chi hai di fronte, quattro gatti o una folla oceanica, hai un solo obbligo d'assolvere: entrare in sintonia con esso, creare *rapport*. Prima di spiegare che cos'è il rapport è necessario fare un passo indietro e introdurre uno dei principi base della PNL:

**La mappa del territorio non è il territorio**

La definizione è meno criptica di quel che puoi pensare. Se ti metto sotto gli occhi la cartina di Londra, non ti faccio vedere Londra, ma soltanto la sua piantina. Come dire, ciascuno di noi si fa un'idea del mondo che non è il mondo, ma solo una sua rappresentazione soggettiva. La programmazione neuro-linguistica, lo abbiamo visto, studia la struttura dell'esperienza soggettiva. In conseguenza di ciò, non è possibile postulare un modello corretto di comunicazione valido per tutte le stagioni.

**SEGRETO n. 9: è necessario adattare ogni volta il proprio modello di comunicazione alle risposte comportamentali dell'interlocutore.**

Abbiamo anche detto che i sistemi rappresentazionali sono le modalità sensoriali attraverso le quali si dà significato all'esperienza individuale.

Non solo, le informazioni sono raccolte tramite tutti i canali, ma sono elaborate da alcuni canali sensoriali privilegiati seguendo una determinata strategia.

**SEGRETO n. 10: l'individuo opera attraverso le sue rappresentazioni sensoriali.**

Tuttavia, ciascun individuo dispone di modalità differenti per rappresentare la propria esperienza. Per qualcuno ha prevalenza l'aspetto *visivo*, per un altro quello *auditivo*, per un altro ancora l'aspetto *cenestesico*. Riconoscere le caratteristiche multisensoriali del proprio interlocutore è molto importante nella comunicazione. I comportamenti che diversificano le tre categorie multisensoriali sono piuttosto evidenti:

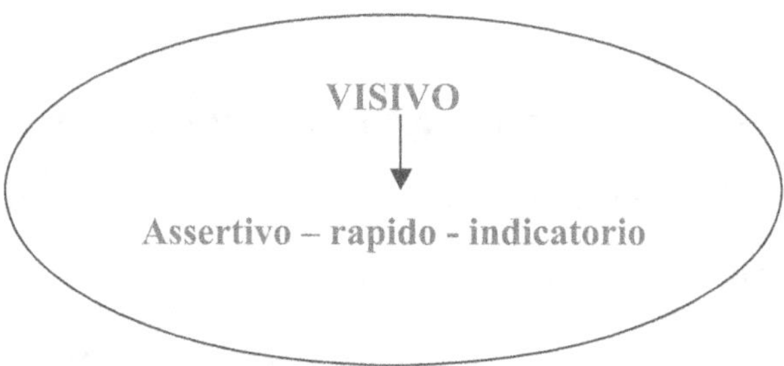


Il **visivo** in genere è caratterialmente un volitivo, parla in modo veloce, spesso con tono e volume alti, respira con la parte alta dei polmoni, gesticola agitando il dito indice o l'intera mano a taglio davanti a sé. Spalle erette, mantiene tra sé e l'interlocutore una discreta distanza spaziale. La ragione è semplice: dato che ha spesso lo sguardo rivolto verso l'alto, proteso a cercare immagini, ha necessità di un ampio campo visivo davanti a sé. Dal punto di vista dei contenuti, il visivo tenderà a dare grande importanza all'aspetto esteriore delle cose.

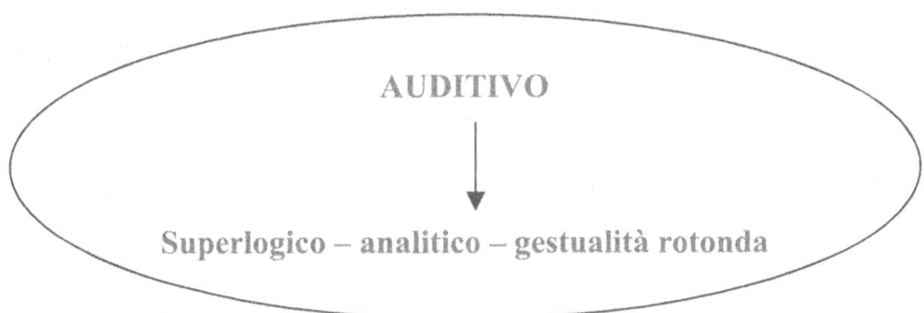


L'**auditivo** è un individuo super-raziocinante, analizza ogni dettaglio, parla lentamente soppesando ogni parola, respira con la parte centrale dei polmoni e quando parla muove le mani in modo rotondo, come se dirigesse un'orchestra. Tiene le spalle all'indietro, la testa piegata di lato. Lo sguardo è laterale o rivolto in basso a sinistra.

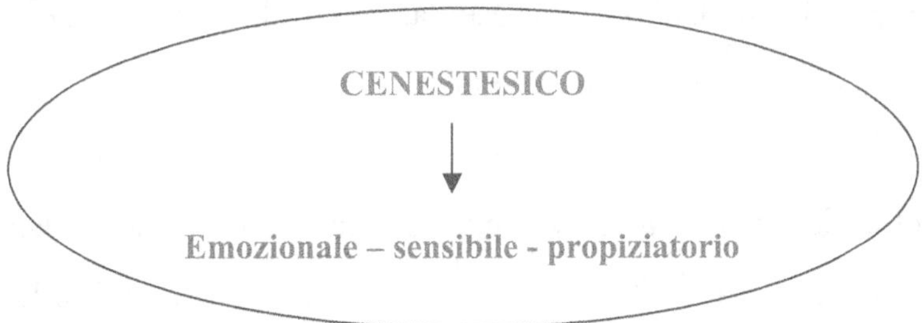


Il **cenestesico** è un individuo che, pur presentando spesso anche altre caratteristiche, come del resto il visivo e l'auditivo, oltre alla preferenza per il proprio canale sensoriale, dà maggiore peso all'aspetto emotivo, ha una voce dai toni e volumi bassi, respira con la parte bassa dei polmoni e parla con grande intensità muovendo le mani verso se stesso con le palme rivolte all'interlocutore. La gestualità è scarsa e circoscritta all'altezza del petto-stomaco-addome. Lo sguardo è rivolto verso il basso a destra.

Conoscere a prima vista i sistemi rappresentazionali del proprio interlocutore offre un'arma comunicazionale di convincimento non indifferente. Intendiamoci, non ci troviamo di fronte ad etichette inamovibili, grazie alle quali un individuo è sempre visivo o sempre auditivo o sempre cenestesico. Si tratta pur sempre di un sistema rappresentazionale dipendente dal contesto nel quale l'individuo si presenta.

Nella vita di ogni giorno, tendenzialmente, non siamo disposti ad accettare nulla dagli sconosciuti. Se qualcuno ci abborda per la strada per chiederci qualcosa, fosse soltanto per un'indagine di costume, allunghiamo il passo accampando la scusa di avere fretta. Figuriamoci poi se questo qualcuno vuole venderci qualcosa! Rispondiamo con mala grazia che non abbiamo bisogno di nulla. Al contrario, tendiamo ad accostarci a coloro con i quali abbiamo qualcosa in comune. Talvolta capita d'incontrare persone con le quali basta scambiare qualche parola per renderci conto che c'è sincronia. Ci sembra di conoscerle da sempre. Come accade questo miracolo? Il **"rapport"** è in grado di spiegarci la chiave della sintonia.

Il *rapport* è caratterizzato dalla similitudine. Se io parlando con qualcuno voglio conquistarlo, diciamo pure affascinarlo, mi metterò in sincronia con lui. Che vuol dire?

In PNL questo atteggiamento si chiama **"ricalco"**, vale a dire mi rispecchierò in quella persona, sarò speculare sia nel suo modo di posizionarsi (ad esempio: gambe accavallate – dita delle mani incrociate – braccia conserte), di gesticolare (indicatorio se indicatorio, ampio se ampio, propiziatorio se propiziatorio), di parlare (veloce se veloce, lento se lento, enfatico se enfatico, misurato se misurato). Mi rispecchierò anche nel ritmo del respiro, anzi cercherò di parlare nelle fasi della sua espirazione del fiato. Tutto questo farà sì che a livello inconscio il mio interlocutore possa pensare: «Però, costui è simile a me.» Questo tipo di ricalco non verbale è d'effetto immediato perché entra in rapida e stretta relazione con l'inconscio della controparte. È possibile effettuare il ricalco sui valori, nel senso di rispecchiare il nostro interlocutore anche su ciò cui tiene di più. Tuttavia, sono dell'opinione che un ricalco troppo preciso sui valori personali dell'interlocutore possa condurre ad una spersonalizzazione. In fin dei conti, tu potresti avere dei valori, delle convinzioni, che non condivido.

Allora in questo caso, sarebbe sbagliato, oltre che poco onesto, darti ragione; posso darti comprensione, capire il tuo punto di vista, la tua mappa mentale, ma certo non ti dico di condividerla.

Mi sintonizzo sul mio interlocutore per poi guidarlo dove voglio io.

**SEGRETO n. 11: se voglio portare qualcuno nel mio mondo devo prima entrare nel suo. Ecco la formula magica per relazionarsi con il prossimo.**

Certo tu che mi leggi potresti storcere il naso e definire il *ricalco* e *guida* una sorta di manipolazione dell'individuo e quindi ritenerlo un qualcosa da non condividere. Facciamo un distinguo: il gioco d'azzardo, se distrugge patrimoni e famiglie, sono d'accordo con te, è da biasimare e da evitare come qualcosa di negativo.

Se, tuttavia, intorno al tavolo verde da gioco si riuniscono coppie di amici per trascorrere una serata in allegria e perché la gente si diverta e socializzi, ben venga l'azzardo del poker, del sette e mezzo, della roulette familiare. Non penso che in questo modo si debba demonizzare il gioco. Come sempre, esiste una misura in tutte le cose e se uso il ricalco per migliorare il modo di relazionarmi con la gente, ben venga questo tipo d'innocua manipolazione se fa vivere meglio me e il mio prossimo. C'è una serie di testimonianze derivate dal linguaggio non verbale in grado di avvisarci se la nostra comunicazione ha avuto un qualche effetto sul nostro interlocutore. Sono i cosiddetti gesti conici.

Gesti di gradimento sono quelli che coinvolgono la bocca: quando decidiamo di mettere qualcosa in bocca è perché già sappiamo che ci piace, l'abbiamo toccato, l'abbiamo valutato. Tipici in questo caso sono: il gesto di portare un dito o la penna alle labbra, la punta della lingua che traspare tra le labbra, l'aumento di salivazione, le labbra che si protendono in avanti nel cosiddetto bacio analogico.

Se il nostro interlocutore mette in atto un gesto del genere, vuol dire che lo abbiamo preso, anzi abbiamo toccato un argomento che gli piace.

Tutto ciò che stuzzica l'interesse coinvolge la zona del naso. L'argomento preso dal mio interlocutore risveglia le papille olfattive. In quella zona cambia la circolazione del sangue e sento un piccolo prurito che mi vien voglia di grattare. Se il grattamento prende una direzione verticale il segnale è positivo, se è orizzontale è negativo.

Ci sono poi altri segnali che potremmo definire scarichi emozionali. Per esempio, raschiamenti di gola, deglutizioni a vuoto, colpi di tosse, allungamento delle vocali, ripetizioni di parole o di intere frasi, una dopo l'altra. Avvengono quando parlando carichiamo il nostro discorso di troppa emozione che in qualche modo deve essere scaricata. Ci sono poi i segnali di riflessività. Per esempio, parliamo con il nostro interlocutore e notiamo che sta giocherellando con una penna tra le dita. Ebbene, questo è un segnale che indica un intervento dell'emisfero sinistro, il quale sta analizzando a livello logico ciò che sto dicendo. Anche la mano sul mento è un segnale di riflessività: significa che è in atto un dialogo interno.

Attenzione a non prendere per assiomi le definizioni correlate agli atteggiamenti del corpo. Sono solo indizi, non postulati. Se dovessi accorgerti che il tuo interlocutore ha le gambe accavallate e le braccia conserte, può darsi che non sia chiuso e indisponibile agli argomenti trattati, ma semplicemente che abbia freddo. Se poi, chiacchierando con te, strofina un dito sotto il naso, non prenderlo subito come un rifiuto di ciò che stai dicendo. Probabilmente gli sarà passato per la mente un pensiero del tipo: «Accidenti, non ho pagato la bolletta!»

RIEPILOGO DEL CAPITOLO 5:

•SEGRETO n. 1: il primo impatto con il pubblico è quello che determinerà la qualità e la riuscita della comunicazione.

•SEGRETO n. 2: una buona motivazione è il motore della tua performance.

•SEGRETO n. 3: l'aspetto analogico (non verbale) è la parte più importante della comunicazione ed è in stretto collegamento con la fisiologia: le intonazioni di voce, il volume, le pause, le improvvise accelerazioni o decelerazioni di voce, la maniera in cui stai in piedi, come posizioni il corpo, come muovi le mani, come respiri, l'espressione del viso, danno significato a ciò che dici.

•SEGRETO n. 4: per non distrarre gli ascoltatori e trasmettere sicurezza è necessario stare diritti in piedi, ben bilanciati sui talloni, con le gambe e i piedi leggermente divaricati, mano nella mano all'altezza dello stomaco oppure con le braccia rilasciate lungo i fianchi.

•SEGRETO n. 5: un altro modo per gestire nel modo migliore la propria emotività nel corso della prestazione di *public speaking* è l'uso della voce.

•SEGRETO n. 6: la ciliegina sulla torta di un buon *rapport* con il pubblico è quella di "settare", configurare, i tuoi ascoltatori.

•SEGRETO n. 7: uno dei modi più diretti per creare *rapport*, ma anche per valutare lo stato di sintonia con il pubblico, è lo sguardo.

•SEGRETO n. 8: lo sguardo è un altro dei modi per liberarti della tensione.

•SEGRETO n. 9: è necessario adattare ogni volta il proprio modello di comunicazione alle risposte comportamentali dell'interlocutore.

•SEGRETO n. 10: l'individuo opera attraverso le sue rappresentazioni sensoriali.

•SEGRETO n. 11: se voglio portare qualcuno nel mio mondo devo prima entrare nel suo. Ecco la formula magica per relazionarsi con il prossimo.

# STEP 6:

## Come si sviluppa il messaggio
## in pubblico?

Torniamo al nostro *public speaking*. Abbiamo visto come il ricalco, ovvero il rendersi speculari al proprio interlocutore nei tre livelli di comunicazione (verbale – paraverbale – non verbale) sia lo strumento più diretto per entrare in empatia con il suo mondo per poi, grazie alla guida, portarlo nel tuo.

Domanda: come si fa a creare *rapport* con un pubblico di quattro, dieci, venti, cento persone?

I modi sono tanti, ma il primo è senza dubbio, a livello di comunicazione verbale, quello di usare i cosiddetti predicati sensoriali derivanti dai tre sistemi rappresentazionali che, come abbiamo visto, sono il visivo, l'auditivo, il cenestesico (V.A.K.). Ciascuno, per relazionarsi con il prossimo, si esprime con un lessico che fa riferimento ai propri canali sensoriali privilegiati.

**SEGRETO n. 1: se vuoi che i tuoi ascoltatori (visivi – auditivi – cenestesici) colgano il tuo messaggio, devi richiamare tutti i sensi per dar modo al tuo pubblico di esserne coinvolto.**

Quindi:

*Parole visive, che evochino colori, immagini.*

*Parole auditive, che richiamino suoni, ritmi.*

*Parole cenestesiche, che risveglino sapori, gusti, odori.*

## PREDICATI SENSORIALI

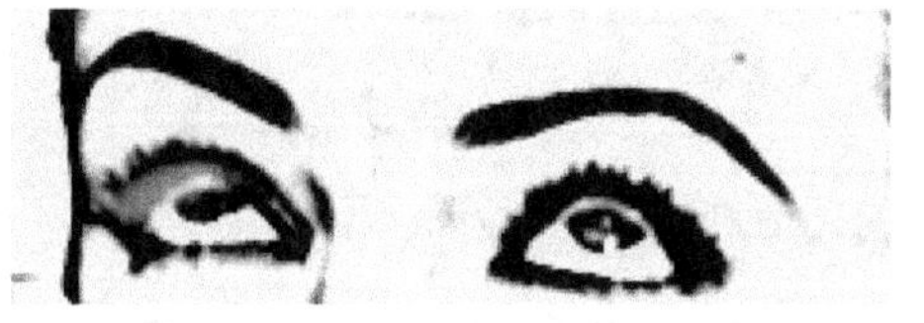

| VISIVI | |
|---|---|
| Inquadrare | Punto di vista |
| Immaginare | Visione |
| Mettere a fuoco | Prospettiva |
| Mostrare | Occhiata |
| Illustrare | Immagine mentale |
| Chiarire | In vista di |
| Evidenziare | Ben definito |
| Guardare | Come la vedo io |
| Vedere | Approccio miope |
| Tracciare | Idea nebulosa |
| Dipingere | Senza ombra di dubbio |
| Focalizzare | Brillante |
| Illuminare | Poco chiara |

| AUDITIVI | |
| --- | --- |
| Ascoltare | Rumore |
| Descrivere | Parola chiave |
| Argomentare | Suoni |
| Analizzare | Melodia |
| Dire | Ritmo |
| Domandare | Tono |
| Udire | Riflessione |
| Comporre | Parola per parola |
| Esprimersi | Armonia |
| Fare attenzione | Per così dire |
| Spiegare | Ben informato |
| Accentuare | Inaudito |

| CENESTESICO | |
| --- | --- |
| Toccare | Sapore |
| Percepire | Condimento |
| Vibrare | Odore |
| Afferrare il concetto | Olezzo |
| Irritare | Triste |
| Sentire | Dolore |
| Rimuginare | Calma |
| Sfuggire di mente | Tatto |
| Tenere in sospeso | Tasto |
| Tastare il polso | Solido |

Un secondo aspetto multisensoriale tocca il paraverbale.

**SEGRETO n. 2: entri in *rapport* con il tuo pubblico anche nel modo di parlare o, meglio, nell'adattare le tue intonazioni ai diversi sistemi rappresentazionali degli ascoltatori.**

Se parli in modo veloce, senza dubbio coinvolgerai i visivi; se parli soppesando le parole, saranno gli auditivi ad esserne coinvolti; se, invece, parlando farai leva sulle sensazioni, saranno i cenestesici a goderne.

**SEGRETO n. 3: un *public speaker* che si rispetti deve saper modulare la voce, variare i toni, calibrare le pause. Il pubblico è composto di tante persone, tutte diverse. È il conferenziere che ha il dovere di adeguarsi agli ascoltatori, non viceversa.**

Il *rapport* si crea anche sul piano culturale. Mi spiego: se vado a tenere un seminario all'università, non mi metto in abito scuro e cravatta. Cercherò nei limiti del possibile di adeguarmi al look del mio pubblico: jeans, giacca, camicia, ma senza cravatta. Non voglio che i miei ascoltatori si sentano distanti da me. M'interessa entrare subito in sintonia con loro e il mio modo di comunicare passa anche attraverso il guardaroba che indosso. Se, all'opposto, m'invitano a tenere una conferenza in una riunione conviviale del Rotary, sarà mia cura adeguarmi all'eleganza dei convitati con un bell'abito scuro e cravatta in tinta. Un altro modo per entrare in *rapport* con un pubblico numeroso è quello di fargli compiere delle azioni. Non dico d'imitare Anthony Robbins, famoso per i suoi corsi di motivazione a diecimila persone, che, ad un suo comando, le fa scattare in piedi, alzare le braccia, gridare slogan motivanti.

A te basta far loro alzare una mano per rispondere ad una semplice domanda come: «Chi di voi mi sa dire la motivazione per la quale si trova qui?» Sollevi anche tu il braccio e, se non altro, per imitazione, qualcuno del pubblico si sentirà spinto ad alzarlo pure lui. Naturalmente, s'intende per azioni anche gli esercizi pratici che hai preparato per quel pubblico, ovviamente nel caso che tu sia il trainer e stia tenendo un corso.

Una volta che avrai recuperato il senso di sicurezza, che ti deriva dalla forza dei tuoi argomenti – ricordati sempre: sei padrone della tua materia e nessuno può metterti in scacco – non dimenticarti di dedicarti ad uno degli aspetti preliminari più importanti del rapporto con il pubblico.

**SEGRETO n. 4: non commettere l'errore di presentarti di fronte ad un uditorio senza sapere chi sono i destinatari del**

**tuo messaggio.**

Più dettagli imparerai a conoscere dei tuoi ascoltatori, più questi dettagli ti saranno utili nel coinvolgere il pubblico, che avrà l'impressione di ascoltare un discorso preparato su misura per lui.

**SEGRETO n. 5: il modo migliore per tenere desta l'attenzione degli ascoltatori è di toccare i loro interessi.**

Dale Carnegie, nel suo best seller *Come parlare in pubblico e convincere gli altri*, cita l'esempio di Russell Conwell, uno dei più celebri oratori USA, famoso tra l'altro per avere tenuto una stessa conferenza in varie parti del paese per ben seimila volte, senza per questo essere ripetitivo.

Lo stesso Conwell ne spiegò l'arcano in un suo scritto. Aveva preso l'abitudine, dovendo recarsi in questa o quella località, di arrivare con un certo anticipo, in modo da poter incontrare il postino, il barbiere, il farmacista, il direttore dell'albergo, il preside della scuola e da poter poi entrare nei negozi per parlare con la gente e capire qual era la loro storia. Quando poi teneva la conferenza, parlava a quel pubblico degli argomenti che più a loro stavano a cuore. Conwell sapeva bene che:

**SEGRETO n. 6: la riuscita della comunicazione è direttamente proporzionale alla capacità dell'oratore di coinvolgere i suoi ascoltatori.**

Il terzo pilastro sul quale si regge l'intera impalcatura del *public speaking* è il **messaggio**, che, a sua volta, si fonda su tre punti chiave, tre fasi sulle quali è possibile strutturare un messaggio in modo efficace. La prima fase, costituita dall'esordio del presentatore, è chiamata **decollo**.

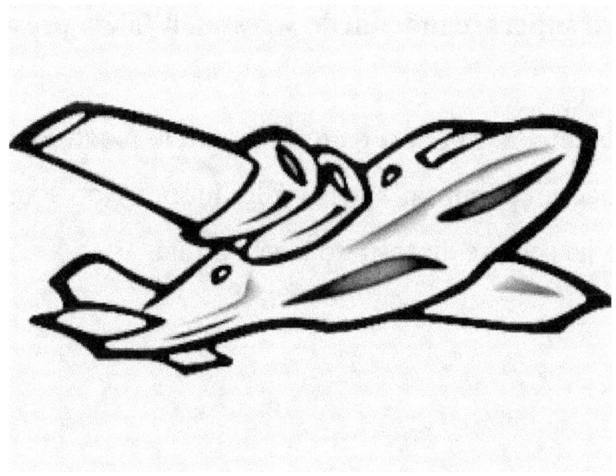

Nel volo aereo, la fase di decollo è molto delicata. C'è un punto critico nel decollo, definito momento di non ritorno. Si ha quando il motore gira a tutto regime e le ali sono in fase di stacco da terra: non si può più tornare indietro.

Per quanto non così pericolosa, la fase di decollo della comunicazione è un momento delicato per l'oratore: ha tutti gli occhi del pubblico puntati su di lui. Non può entrare a freddo nel vivo del discorso, sarebbe controproducente. Ha bisogno di rompere il ghiaccio per vivacizzare l'attenzione generale.

**SEGRETO n. 7: il miglior consiglio in questo caso è quello di tenere in caldo più decolli. Ti dà maggiore sicurezza e ti consente di superare indenne lo stress dell'inizio prestazione.**

Potresti cominciare con una battuta: in questo modo sdrammatizzi la situazione e strappi un sorriso all'uditorio. Non è una battuta nuova, ma ha sempre dimostrato la sua utilità:

*Io ho il compito di parlare, voi di ascoltare.*
*Chi finisce prima avverte l'altro.*

Non sei tipo da battute? Hai ragione, sa tanto di americanata. Comincia allora con una citazione. Te ne presto una, è di Roberto Re, un grande motivatore, ma anche un amico. Non se ne avrà a male se ti presto uno dei suoi messaggi motivazionali.

*Non aspettare che le cose accadano, ma prendi l'iniziativa e falle accadere! Le vere ricchezze della vita vanno a chi sa crearsi le proprie opportunità.*

Neanche questo è il tuo genere? C'è sempre la statistica sorprendente del tipo: *secondo gli americani il timore di parlare in pubblico è secondo solo alla paura della morte!*

Se neanche questo esordio ti piace, ti consiglio d'iniziare con un bel giro di tavolo. Se fai formazione e i tuoi ascoltatori non sono più di dodici/quindici, potrebbe essere una buona soluzione, per rompere il ghiaccio, chiedere ai partecipanti le motivazioni che li hanno spinti a seguire quel corso. È un buon metodo per conoscersi. Certo, è possibile esordire anche con la proiezione di un lucido, di una diapositiva, di una clip, con lo scopo di suscitare curiosità, interesse immediato oppure sorpresa.

Dopo il decollo, giunge il momento del **volo**.

In questa fase non devi fare altro che esporre i contenuti del tuo messaggio. È anche il momento di utilizzare le armi che hai a disposizione. Ricordi?

- La parola, o meglio il contenuto del suo messaggio strutturato in una comunicazione **verbale.**

- L'espressività della parola, o più precisamente l'aspetto paraverbale del discorso. Ancora meglio, la parola espressa attraverso il timbro di voce, il tono, il volume, l'intensità emotiva, il ritmo, le pause d'intenzione e così via.

- L'aspetto **analogico,** espresso attraverso la postura, la gestualità, lo sguardo, la mimica, la prossemica, i movimenti del corpo.

Per ciò che riguarda i contenuti di un discorso, c'è poco da dire.

**SEGRETO n. 8: per comunicare con efficacia è indispensabile avere un'idea chiara di ciò che si vuole dire e indicare con altrettanta chiarezza l'obiettivo che si desidera raggiungere.**

La "scaletta" che hai preparato in precedenza, ha lo stesso scopo del progetto: garantire uno svolgimento chiaro e ordinato del processo di comunicazione. Dopo avere messo a fuoco il messaggio, lo dovrai esprimere con frasi brevi e con un linguaggio semplice. Se, viceversa, pensassi di dare autorevolezza al tuo eloquio con l'impiego di parole pompose e di difficile comprensione, sei su una strada sbagliata: il "difficilese", dovresti saperlo, è il linguaggio dei ciarlatani.

Sembra incredibile, ma ogni volta che ho ascoltato oratori non eccelsi, ho avuto l'impressione che il loro sforzo comunicativo fosse teso unicamente allo scopo di non farsi capire: ragionamenti astrusi, concetti involuti, argomentazioni sterili, paroloni usati a sproposito. È ovvio che un simile atteggiamento di terrorismo linguistico da parte dell'oratore farà precipitare il grafico dell'attenzione del povero ascoltatore sotto lo zero. Non solo, il malcapitato, di fronte a tanto sfoggio di sfrontato esibizionismo verbale, si farà prendere dallo sconforto al pensiero della propria manifesta inferiorità culturale. I paroloni dell'oratore assumeranno al suo orecchio i contorni di rumori senza senso, di suoni senza significato.

Al contrario:

**SEGRETO n. 9: il modo più diretto per attirare l'attenzione degli altri sarà proprio quello di creare per loro immagini, suoni, sensazioni, in modo da fornire dei sostegni cui potersi aggrappare per non lasciarsi andare nel marasma della noia.**

Se parliamo di alberi, tralascia di insistere sulla "forestazione", così se fai riferimento al punto di vista dell'oratore precedente, per favore non discutere sulla sua "Weltanschaung". La concretezza della tua esposizione, all'opposto, indurrà gli ascoltatori a non pensare che ti arrampichi sugli specchi, ma, anzi, penseranno che le tue idee sono chiare, come è chiaro e realista il tuo modo di esprimerti. Per mantenerti nell'alveo della semplicità dei concetti sarà meglio dimenticare di ricorrere al *gergo*. Se ti affidi di continuo a parole, frasi, prese a piene mani dal gergo della materia di cui sei specialista fai come colui che vuole rimpinzare il suo hamburger di troppa mostarda o di sugo di pomodoro con il risultato non solo di sporcarsi la cravatta o la camicia, ma anche di irrorare di schizzi il malcapitato interlocutore.

Al di là della metafora, il ricorso al gergo o alle locuzioni straniere o alle frasi fatte o ai luoghi comuni, dimostra soltanto la povertà delle idee dell'oratore unita alla superficialità e pigrizia mentale. Meglio ricorrere ad una metafora che almeno strapperà un sorriso e si farà ricordare dal nostro uditorio meglio di tanti paroloni dal significato spesso ermetico.

Per farti un esempio, se sei un politico, lascia da parte il politichese del tipo: *l'attuale assetto politico-istituzionale presuppone l'accorpamento delle funzioni e il decentramento decisionale, implementando nella misura in cui ciò sia fattibile l'appianamento delle discrasie esistenti.* Se poi sei un assessore al comune, liberati delle lusinghe del burocratese. Se discuti di aumentare il numero degli accalappiacani per porre un freno al randagismo, evita di chiamarli ogni volta che se ne presenta l'occasione *"nucleo mobile di operatori professionali di igiene veterinaria"*.

Esprimiti con semplicità e lascia parlare i fatti. Un elemento importante da non sottovalutare quando si parla in pubblico è la cosiddetta *verve*, la *vivacità d'espressione,* la capacità di un eloquio brillante e coinvolgente.

Anche l'argomento più interessante finisce nel tritacarne della noia se l'esposizione è fatta con voce monocorde, senza coloriture, improvvise accelerazioni, rallentamenti, pause, uso della gestualità. Se hai problemi ortoepici e fai confusione sull'uso corretto delle "E" e delle "O" aperte e chiuse, non preoccupartene troppo. Se hai inflessioni dialettali, altrettanto. Quello che è importante per te è la corretta articolazione delle parole. Devi solo farti intendere ed essere comprensibile. I tuoi difetti e le sfumature di vernacolo aggiungeranno colore al tuo eloquio.

In secondo luogo, partiamo dal presupposto che la tua voce non abbia difetti tali da renderla insopportabile a chi ti ascolta: sai distribuire i fiati, sai articolare bene consonanti e sillabe, non hai una voce né flebile né stridula, gutturale o nasale. Puoi quindi dedicarti alla valorizzazione dei diversi elementi espressivi che dovranno caratterizzare la tua emissione di voce.

VOLUME: ormai dovresti averlo imparato (vedi "Voce da speaker"). È la sonorità di un suono, in relazione alla quantità d'aria immessa nei polmoni necessaria per ottenere quel suono. L'intensità è data dal grado di forza emozionale che le parole riescono a trasmettere.

TONO: è la capacità di passare da una vibrazione di voce intermedia ad una più alta o ad una più bassa. Solo in questo modo, toni diversi, modulati con efficacia e armoniosità, sono in grado di esaltare quelle parti del discorso che consideriamo più rilevanti.

COLORE: è la capacità espressiva per antonomasia. Chi è in grado di modulare la propria voce variandone le inflessioni, sa anche esprimere un'emozione, uno stato d'animo. L'assenza di colore in una voce è l'anticamera dell'anestesia.

Non dirmi che non sei capace di colorire i toni di voce. Fai mente locale: quando racconti ad un amico, ad un familiare, un episodio di vita vissuta particolarmente divertente o soltanto interessante, la tua voce assume senza sforzo ritmi, inflessioni e toni diversificati che vanno a sottolineare i vari aspetti della tua esperienza. È esattamente quello che devi fare quando parli davanti ad un pubblico di estranei.

**SEGRETO n. 10: di tanto in tanto, inframmezza la tua esposizione con fatti ed eventi che ti sono accaduti personalmente. Sono le tue esperienze personali che interesseranno maggiormente il pubblico, perché niente coinvolge di più degli esempi concreti.**

Riprendiamo il concetto d'ipnosi. Sarà meglio smentire un luogo comune: non c'è nulla di cui preoccuparsi. Nessuno può obbligarti in una seduta ipnotica a compiere qualcosa che la tua coscienza rifiuterebbe. L'ipnosi, tanto per cominciare, è uno stato naturale della mente. Ciascuno di noi, ogni giorno, prova su di sé uno stato ipnotico. Quante volte alla guida della nostra auto, siamo partiti da casa e abbiamo raggiunto la nostra destinazione senza sapere come ci siamo arrivati? E quando siamo innamorati? Non c'è forse capitato di svolgere attività di routine con il pensiero fisso sull'oggetto del nostro bene? In tutti questi casi eravamo in trance.

L'ipnosi è dunque il mezzo più semplice per far parlare l'inconscio ed è utilizzabile soprattutto come mezzo terapeutico coadiuvante delle terapie allopatiche. Tuttavia, è sbagliato considerare l'ipnosi come manipolazione, perdita di controllo o pieno dominio su un'altra persona.

L'ipnosi è qualcosa che fa parte dell'uomo, può servirci a migliorare la qualità della vita, è un tipo di suggestione più forte che implica la capacità di un coinvolgimento emozionale.

Come avviene l'ipnosi? Qualcuno ha scritto che l'ipnosi è come introdursi in un palazzo da una porta secondaria, evitando il portiere. La metafora è pertinente.

L'ipnotista entra in contatto con l'inconscio del soggetto ipnotizzato, scavalcando il conscio. Condizione essenziale è che tra l'operatore e il soggetto si crei uno speciale rapporto basato sulla fiducia. La regola è: quello che la nostra mente concepisce poi attua.

Ci si chiede: come avviene che il nostro cervello poi obbedisca alla suggestione? Durante la trance, alcuni neurotrasmettitori, chiamati neuropeptidi, vanno ad accumularsi nella parte centrale del nostro cervello e ognuno di essi prende gli input che gli vengono impartiti.

Quando poi, a trance conclusa, tornano ai loro ruoli di competenza, li ritrasmetteranno agli organi che sono deputati, per esempio, al rilassamento fisico o mentale, all'autostima, al controllo del peso, all'eliminazione del fumo, di fobie, allergie e via dicendo.

Per comunicazione ipnotica s'intende un tipo di comunicazione, particolarmente efficace, dove le parole da usare sono scelte in maniera tale da provocare un forte impatto nell'interlocutore. Sono quattro i cardini base per comprendere questa particolare metodologia comunicativa.

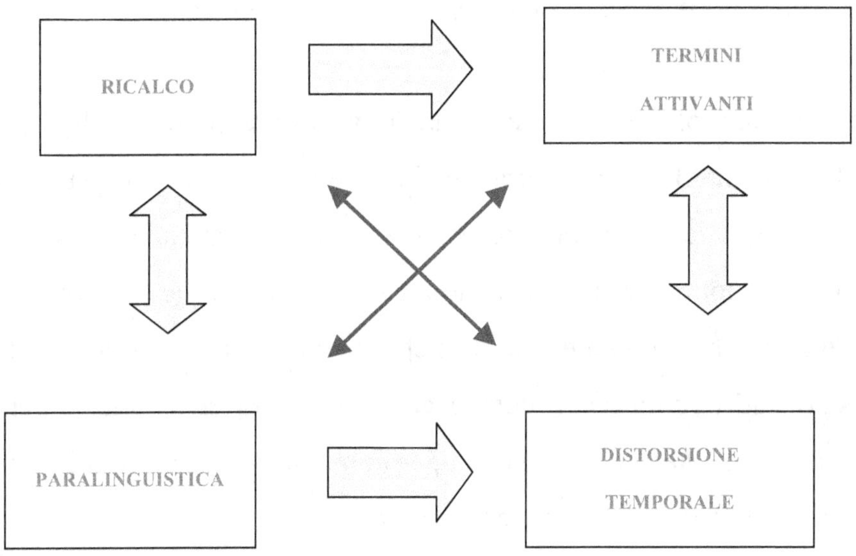


Con i cosiddetti termini attivanti costruisco frasi nelle quali inserisco istruzioni grazie a cui suggerisco degli stati d'animo. Se in questo momento, invece di scrivere queste note, parlassi davanti ai miei allievi del corso di comunicazione, potrei rivolgermi a loro dicendo:

*Vi è mai capitato di **ascoltare con tanto interesse** argomenti riguardanti la PNL?*

Oppure:

*Vi è mai capitato di **provare maggiore soddisfazione** nell'ascoltare tematiche come quelle che vi propongo?*

Se la mia professione fosse quella del venditore, potrei rivolgermi al mio interlocutore parlando in questa maniera: «Non c'è bisogno di decidere ora. Non è necessario affrettarsi ad acquistare quel prodotto.» Stai pur certo, anche se ho usato i verbi al negativo che ciò che è rimasto nella mente del mio interlocutore sono stati termini quali: **decidere, ora, affrettarsi**. La mente per più dell'ottanta per cento lavora per immagini. È questa la ragione per la quale il "non" non viene percepito.

Il concetto dei termini attivanti è molto importante nella comunicazione perché con essi è possibile creare senza sforzo stati d'animo. *Ad un mio amico capitava di essere molto curioso e...* Basta una frase come questa per instillare nel tuo interlocutore lo stato emozionale della curiosità. Abbiamo già parlato di *ricalco* come base per creare *rapport*, sintonia.

Mi rivolgo ai miei allievi dicendo: «Mentre state attenti e ascoltate le mie parole, potete capire ancor di più ciò che vi sto dicendo.» Ecco, questa frase è un esempio di ricalco. È ovvio che mentre parlo i miei allievi sono attenti e mi ascoltano, ma, mentre lo dico, lo sottolineo con la voce e in questo modo creo *rapport*.

Il ricalco è parte integrante della comunicazione di relazione. Il mio scopo, usandolo, non è di trasmettere informazioni, ma solo di creare relazione. Queste frasi, che potremmo definire lapalissiane, hanno tuttavia il potere di essere subito accertabili da parte dell'ascoltatore e di metterlo nella condizione di ascoltare altre affermazioni di contenuto non immediatamente verificabile.

Il ricalco più l'uso dei termini attivanti sono la porta d'ingresso della comunicazione ipnotica. Un altro aspetto importante è quello che riguarda la paralinguistica, vale a dire il tono impiegato per comunicare e l'uso delle pause nella comunicazione stessa.

L'ultimo punto concerne la distorsione temporale. Ogni qual volta conduciamo il nostro interlocutore a vivere in un altro spazio-tempo rispetto al presente, provochiamo in lui una distorsione di tempo ma anche di luogo. Se ti parlassi dicendoti... «Un amico mi raccontava di essere stato in un posto meraviglioso... era un giardino da sogno… dove camminare nel sottobosco sotto lo stormire del fogliame era come penetrare in un'altra dimensione…. Mettere i piedi sull'erba folta e appena tagliata era come trovarsi in un altro mondo, calmo, sereno, ma pieno d'energia vivificante…»

Una, due suggestioni, creano uno stato d'animo. Se tu avessi udito la mia voce pronunciare queste parole, ti saresti trovato cambiato rispetto ad un attimo prima. Ti saresti sentito diverso senza neppure capire perché. La ragione del cambiamento di stato sta tutta nell'uso fatto di una serie di termini attivanti e di comandi nascosti. Mentre mi ascoltavi, hai perso contatto con il presente e sei entrato nel mondo della tua immaginazione, dove hai visualizzato il giardino, il bosco, il prato, sentendoti ad un tratto calmo, rilassato eppure pieno d'energia.

RIEPILOGO DEL CAPITOLO 6:

•SEGRETO n. 1: se vuoi che tutti i tuoi ascoltatori (visivi – auditivi – cenestesici) colgano il tuo messaggio, devi richiamare tutti i sensi per dar modo al tuo pubblico di esserne coinvolto.

•SEGRETO n. 2: entri in rapport con il tuo pubblico anche nel modo di parlare o, meglio, nell'adattare le tue intonazioni ai diversi sistemi rappresentazionali dei tuoi ascoltatori.

•SEGRETO n. 3: un *public speaker* che si rispetti deve saper modulare la voce, variare i toni, calibrare le pause. Il pubblico è composto di tante persone, tutte diverse. È il conferenziere che ha il dovere di adeguarsi agli ascoltatori, non viceversa.

•SEGRETO n. 4: non commettere l'errore di presentarti di fronte ad un uditorio senza sapere chi sono i destinatari del tuo messaggio.

•SEGRETO n. 5: il modo migliore per tenere desta l'attenzione degli ascoltatori è di toccare i loro interessi.

•SEGRETO n. 6: la riuscita della comunicazione è direttamente proporzionale alla capacità dell'oratore di coinvolgere i suoi ascoltatori.

•SEGRETO n. 7: il miglior consiglio è quello di tenere in caldo più decolli. Ti dà maggiore sicurezza e ti consente di superare indenne lo stress dell'inizio prestazione.

•SEGRETO n. 8: per comunicare con efficacia è indispensabile avere un'idea chiara di ciò che si vuole dire e indicare con altrettanta chiarezza l'obiettivo che si desidera raggiungere.

•SEGRETO n. 9: il modo più diretto per attirare l'attenzione degli altri sarà proprio quello di creare per loro immagini, suoni, sensazioni, in modo da fornire dei sostegni cui potersi aggrappare per non lasciarsi andare nel marasma della noia.

•SEGRETO n. 10: di tanto in tanto, inframmezza la tua esposizione con fatti ed eventi che ti sono accaduti personalmente. Sono le tue esperienze personali che interesseranno maggiormente il pubblico, perché niente coinvolge di più degli esempi concreti.

# STEP 7:

## Qual è la differenza della differenza?

Col precedente step abbiamo messo in chiaro che saper gestire al meglio la propria voce vuol dire mantenere desta l'attenzione del pubblico e far sì che il messaggio giunga vivo e integro nella mente e nel cuore di chi ascolta.

In definitiva poi, il mio suggerimento è quello di sintetizzare l'idea centrale del messaggio in due o tre punti chiave. Non di più, perché se bombardi i tuoi ascoltatori di una miriade di concetti, c'è rischio che poi non ne ricordino nemmeno uno.

Siamo realisti, per quanto le nostre informazioni possano suscitare interesse, la memoria di chi ci ascolta tende a selezionare le notizie e a ricordare soltanto lo stretto necessario. Tutti i test effettuati sui meccanismi della memoria, riportano dati sconcertanti. In media, si ricorda una minima parte di ciò che si ascolta, anche se il conferenziere è in gamba; se esiste il supporto di audiovisivi, la cifra può aumentare, ma non di molto. Mettiamoci quindi il cuore in pace: qualsiasi discorso faremo, gran parte di ciò che diremo andrà comunque dispersa al vento.

**SEGRETO n. 1: Il vero segreto non è di esporre il maggior numero di concetti, ma di esporre, sempre in maniera diversa (V.A.K.), pochi concetti.**

La formula di una buona comunicazione verbale è tutta qui. Se vuoi che il tuo messaggio, strutturato in due o tre punti chiave, non sia più dimenticato, fallo seguire da un approfondimento grazie ad un aneddoto, una storia, una metafora.

**SEGRETO n. 2: la metafora è la maniera più semplice per portare ad un cambiamento chi ascolta.**

La programmazione neuro linguistica utilizza spesso lo strumento della metafora. Lo ritiene un veicolo efficace per guidare l'ascoltatore in modo naturale al mutamento del proprio modo di percepire la realtà.

*Un tizio chiese la grazia a nostro Signore di poter visitare l'inferno e il paradiso prima di esalare l'anima. In via del tutto eccezionale gli fu concesso di farlo. "Ecco questo è l'inferno" disse Domine Iddio, introducendo l'ospite in un'ampia sala dove, al centro, sulle braci ardenti, bolliva un enorme pentolone con dello stufato.*

*Tutt'intorno si agitava una folla di corpi scheletriti che agitavano un mestolo dal manico lunghissimo, più lungo del loro avambraccio, che per questa ragione non riuscivano a portarsi alla bocca. Nella sala spirava un'aria di miserabile abbandono e di tristezza infinita. "Il paradiso com'è?" domandò il tizio piuttosto turbato, uscendo dal locale. "Vieni è da questa parte" gli disse nostro Signore conducendolo dalla parte opposta del corridoio. Aprì un'altra porta e introdusse l'ospite in un ampio ambiente dove, al centro sulle braci ardenti bolliva un altro pentolone con dello stufato. Tuttavia, l'atmosfera era diversa.*

*Le persone che si affollavano intorno al pentolone, non erano né magre né smunte, anzi erano ben in carne. Ridevano e scherzavano e agitavano il loro mestolo più lungo dell'avambraccio. Qual era la differenza? Avevano imparato ad imboccarsi.*

Non è finita, ne ho un'altra per te.

*Conosco una ragazza, un vero scricciolo di donna, non più alta di un metro e cinquanta. Possiede un cagnolino, il più piccolo che abbia mai visto, un acaro al guinzaglio latrante e peloso. Un giorno mentre lo conduceva a spasso, le corse incontro lungo il viale un grosso maremmano bianco ringhiante che sembrava intenzionato a mangiarseli entrambi. Lei prese il braccio il cagnolino e caricò il maremmano strillando come un'aquila. Il grosso cane fece subito dietro-front e corse verso casa con la coda tra le gambe. Pensaci bene, la morale è che quando fai qualcosa d'inatteso, spesso costringi gli altri a rivedere il proprio modo di pensare e di agire.*

Aspetta, ne ho un'altra ancora.

*Le virtù umane avevano organizzato una festa. C'erano quasi tutte: la gioia e l'allegria, l'ironia e la fiducia, la grinta e la determinazione. Il coraggio andava a braccetto con l'astuzia e insieme scambiavano quattro chiacchiere con il buonsenso. In un angolo del salone il vigore faceva la corte alla dolcezza, mentre la serietà cercava di non ridere alle battute dell'umorismo.*

*La generosità discuteva animatamente con la parsimonia e l'autostima quando suonò il campanello. La gentilezza andò ad aprire e abbracciò la nuova entrata. La generosità si volse sorpresa a guardare le due amiche: «Chi è costei? Non l'ho mai vista prima» Le amiche la fissarono sbalordite: «Ma come?» ribatterono meravigliate. «È sempre venuta alle nostre feste, ci sembra strano che non l'abbia mai incontrata. Si chiama gratitudine »*

Quelle che hai appena letto sono tre esempi di metafore. La prima è una storiella simil Zen che dovrebbe condurre all'illuminazione. La seconda è una delle tante metafore utilizzate da Milton Erickson, uno dei più famosi psicoterapeuti del secolo scorso, come strumento inteso ad instillare nell'interlocutore il seme di una nuova visione di sé e del mondo. La terza è una metafora che uso spesso nelle mie lezioni.

**SEGRETO n. 3: considera la metafora una sorta di tecnica ipnotica indiretta che, senza farti cadere in  trance, ti offre la chiave per aprire la serratura del tuo inconscio con il suo enorme patrimonio di risorse.**

La metafora come strumento terapeutico non è un'invenzione di questi anni, pensa a quanti educatori, guru, pedagoghi, profeti hanno impiegato il racconto allegorico per trasmettere con maggiore efficacia concetti e valori. Le stesse parabole di Gesù si sono rivelate in fondo strumenti efficacissimi, grazie alla loro semplicità, per rendere d'immediata comprensione concetti di novità assoluta per i Giudei.

Nel corso della tua prestazione di comunicatore puoi usare la metafora in qualsiasi momento desideri coinvolgere emotivamente i tuoi ascoltatori e risvegliare il loro emisfero destro, quello deputato alla creatività e all'immaginazione.

Un altro aspetto non secondario della comunicazione è la gestione del dissenso. Non aspettarti che tutto ciò che dici possa essere sempre accettato in toto dai tuoi ascoltatori. Qualcuno potrebbe non essere d'accordo con te e presentarti una serie d'obiezioni.

**SEGRETO n. 4: non entrare in conflitto con chi solleva critiche.**

Ci potrebbero essere tante ragioni per il suo atteggiamento. Non ha capito bene la tesi proposta e forse non l'abbiamo spiegata bene, la tesi contrasta con i suoi valori di base oppure, semplicemente, non la considera valida.

Qualunque sia la sua motivazione bisogna cercare di mettersi dal suo punto di vista ed esaminare la questione a 360 gradi. Certo ci può sempre essere tra il pubblico qualcuno che per principio è in disaccordo con te.

**SEGRETO n. 5: il miglior modo di costruire il *rapport* con un dissenziente è entrare in sintonia con lui a livello fisico e utilizzare il suo stesso modo di esprimersi. Prendi la sua obiezione e capovolgine la polarità.**

È il momento di provare l'efficacia della tecnica cosiddetta di "ricalco e guida". Ascolti il dissenziente con attenzione mentre esprime la sua obiezione.

**SEGRETO n. 6: per ricalcarlo, fai un passo nella sua direzione e piega il busto verso di lui, assumendo la sua stessa postura.**

Quando poi toccherà a te replicare, ricordati di ricalcare dissenziente su tutti e tre i livelli di comunicazione.

**SEGRETO n. 7: usa le sue stesse parole chiave, parla con i toni e la velocità usati da lui, gesticola come lui.**

Attento a non commettere l'errore piuttosto comune di dargli prima ragione e poi di far seguire la frase da un'avversativa con *ma, però, tuttavia*. «Hai ragione di dire quello che hai detto, però la situazione deve essere vista in un altro modo». La frase ha un effetto traumatico per chi è indirizzata: dai ragione al tuo interlocutore, poi con un colpo di spugna cancelli questa prima impressione positiva facendola seguire da una mazzata niente male.

Nelle relazioni interpersonali, la PNL c'insegna a cogliere gli elementi d'unione, non di divisione. Se qualcuno dopo avermi ascoltato decantare l'efficacia della programmazione neurolinguistica nel *public speaking*, mi dice: «Non sono affatto convinto. Perché parlare a braccio quando invece potrei leggere la mia relazione? In questa maniera, secondo me, riesco a gestire meglio lo stress di parlare in pubblico.»

In questo caso potrei replicare più o meno in questo modo: «Ti capisco ed è anche vero che parlando a braccio, avrai maggiori soddisfazioni perché sentirai di coinvolgere il pubblico come neanche immagini.» Un altro potrebbe obiettare: «Sono scettico riguardo ai miracolosi risultati della PNL.» Al che posso controbattere: «Capisco il tuo punto di vista ed è per questo che ti suggerisco di venire ai miei corsi e di provare di persona.»

Hai colto la differenza? In una parola, sostituendo il "ma", il "però" con la semplice congiunzione "e", sei in grado, dopo aver fatto il "ricalco", di guidare il dissenziente ad accettare il tuo punto di vista. In altre parole, prendi l'obiezione e la trasformi in una motivazione della tua "guida".

In un caso soltanto puoi fare uso delle avversative. Ci può sempre essere tra il pubblico qualcuno che per principio è in disaccordo con te. Il miglior modo di costruire il *rapport* con un dissenziente è entrare in sintonia con lui a livello fisico e utilizzare il suo stesso modo di esprimersi. Prendi la sua obiezione e ne capovolgi la polarità. Hai discusso fino a quel momento sull'uso dell'italiano medio di maltrattare la propria lingua storpiando la pronuncia delle parole.

Hai meravigliato il tuo pubblico dicendo che l'acqua *evapóra* e non *evàpora*, il dissenziente si è alzato e ti dice che non c'è ragione di usare la pronuncia corretta, dato che il 99,99% di coloro che conosce usa la pronuncia evàpora. In fin dei conti è la consuetudine che dà vita alla regola, non il contrario. Cosa fai? Lo investi dicendogli che è solo un ignorante e che è meglio stia zitto? No.

Gli offri comprensione e lo lasci libero di pronunciare le parole italiane come meglio gli piace. Aggiungerai soltanto: «Forse lo riterrai sbagliato, però, talvolta, l'uso corretto ma inconsueto della pronuncia di un vocabolo serve per dare una scossa al pubblico, per risvegliarne l'attenzione.» Cosa pensi che dirà il dissenziente? Solo per il gusto di smentirti, ti darà ragione. *Non so se lo giudicherai opportuno, ma... Forse non ci crederai, però...* sono tutte piccole formule, come le precedenti costruite sulla "e", che in fondo ti aiutano a gestire qualunque forma di dissenso. Da ciò che ti dico salta agli occhi un'altra delle doti naturali del buon comunicatore: la flessibilità.

**SEGRETO n. 8: per comunicare con efficacia è necessario sapere valutare le risposte che ricevi dai tuoi ascoltatori e comprendere se ti stanno seguendo sulla strada lungo la quale li stai conducendo.**

Semmai dovessi capire che non ti seguono e che tu stesso stai percorrendo una direttrice sbagliata:

**SEGRETO n. 9: devi dimostrarti flessibile e cambiare metodo, pur mantenendo il *rapport* che hai creato con il tuo uditorio.**

Cerca di capire. Se dovessi usare una similitudine, il tuo

atteggiamento di comunicatore non può essere assimilato a una noce di cocco, dura all'esterno, ma morbida all'interno.

**SEGRETO n. 10: se credi in te stesso e in ciò che dici, la morbidezza, la flessibilità deve trovarsi all'esterno. Ti pieghi, ti adatti, hai la forma dell'acqua come vogliono i tuoi ascoltatori.**

Solo il nòcciolo della tua comunicazione deve essere duro, assolutamente tetragono agli agenti esterni. Insomma, non noce di cocco, ma pesca, albicocca se vuoi. Morbido, dolce, ma fino ad un certo punto.

L'**atterraggio** simboleggia la conclusione della prestazione. Attento quindi a come arrivi col carrello sulla pista. Un atterraggio rovinoso può cancellare la buona impressione suscitata sugli ascoltatori.

Gli strumenti da impiegare sono più o meno gli stessi usati durante il decollo: una citazione, una statistica sorprendente, un aneddoto, una domanda, un riepilogo, una diap, un lucido, una clip, una battuta. L'applauso finale sarà il miglior feedback che otterrai da un pubblico contento e soddisfatto. Riepilogando, tieni a mente questi 5 punti. Faranno di te la differenza tra un mediocre comunicatore e un ottimo comunicatore.

1)   Sappi ascoltare. Non hai idea di quanto è importante nella comunicazione saper ascoltare il proprio interlocutore. Ti permette di osservarlo, di valutare il suo linguaggio, come usa la voce, come si muove. Ciò ti consentirà di renderti speculare rispetto a lui (ricordi il ricalco sui tre livelli di comunicazione?).

Questo consiglio non vale soltanto quando hai a che fare con un solo interlocutore. Il pubblico è formato di tanti interlocutori.

Rammenti? Uno dei miei suggerimenti è stato quello di andare a conoscere e a parlare con i singoli prima della tua presentazione e ascoltarne le idee, i rispettivi interessi. Ciò ti permetterà di adattare il discorso alle loro aspettative tanto da farli pensare che le tue parole sono fatte a misura di loro stessi e non potranno che apprezzarti.

2)     Poniti sulla lunghezza d'onda del tuo interlocutore. Come dire: crea con lui sintonia, empatia, coinvolgimento emotivo. Il ricalco è utile proprio per questo: lo fai su un solo interlocutore, ma anche, lo abbiamo visto, anche con un pubblico.

3)     Impara a fare domande. Le domande sono importantissime in comunicazione. Secondo te chi guida il gioco, chi fa domande o chi risponde? Le domande poi sono lo strumento più semplice che abbiamo per spostare il focus mentale, quello su cui ci concentriamo, che poi rappresenta la nostra realtà del momento.

4)     Usa la tecnica dell'iceberg. Sei padrone dei tuoi argomenti, nessuno può metterti in scacco. Non straparlare, però. Limitati al 10% di ciò che sai e lascia il resto a disposizione delle domande.

5)      Infine, ricorda sempre di essere sempre te stesso, con i tuoi valori e le tue convinzioni, potenzianti, però, non limitanti.

RIEPILOGO DEL CAPITOLO 7:

•SEGRETO n. 1: il vero segreto di una buona comunicazione non è di esporre il maggior numero di concetti, ma di esporre, sempre in maniera diversa (V.A.K.), pochi concetti.

•SEGRETO n. 2: la metafora è la maniera più semplice per portare ad un cambiamento chi ascolta.

•SEGRETO n. 3: considera la metafora una sorta di tecnica ipnotica indiretta che, senza farti cadere in  trance, ti offre la chiave per aprire la serratura del tuo inconscio con il suo enorme patrimonio di risorse

•SEGRETO n. 4: non entrare in conflitto con chi solleva critiche.

•SEGRETO n. 5: il miglior modo di costruire il rapport con un dissenziente è entrare in sintonia con lui a livello fisico e utilizzare il suo stesso modo di esprimersi. Prendi la sua obiezione e ne capovolgi la polarità.

•SEGRETO n. 6 per ricalcarlo, fai un passo nella sua direzione e piega il busto verso di lui, assumendo la sua stessa postura.

•SEGRETO n. 7: usa le sue stesse parole chiave, parla con i toni e la velocità usati da lui, gesticola come lui.

•SEGRETO n. 8: per comunicare con efficacia è necessario sapere valutare le risposte che ricevi dai tuoi ascoltatori e comprendere se ti stanno seguendo sulla strada lungo la quale li stai conducendo.

•SEGRETO n. 9: devi dimostrarti flessibile e cambiare metodo, pur mantenendo il rapport che hai creato con il tuo uditorio.

•SEGRETO n. 10: se credi in te stesso e in ciò che dici, la morbidezza, la flessibilità deve trovarsi all'esterno. Ti pieghi, ti adatti, hai la forma dell'acqua come vogliono i tuoi ascoltatori.

# CONCLUSIONE

Le tecniche per una comunicazione efficace e con la migliore gestione dello stress sono tutte qui. Sappi che non servono soltanto per relazionarti nel modo migliore con il pubblico, ma anche nei normali rapporti professionali e personali che s'intrattengono con i propri clienti, con i colleghi di lavoro, con i superiori, con i subordinati, ma anche con il proprio coniuge, con i figli, con i genitori, e pure con se stessi.

**La premessa di qualsiasi successo è una forte motivazione**. Senza questo propellente non si giunge a niente. Quindi, se davvero vuoi raggiungere il traguardo auspicato, sarà meglio mantenere sempre vivo il fuoco dell'entusiasmo. Pensa positivo e visualizzati al traguardo. Se hai il timore di essere ancora insicuro, con poca fiducia in te stesso, non focalizzarti sul negativo, pensa piuttosto che, accanto ai propri limiti, dentro di te ci sono anche tutte le qualità desiderate: coraggio, sicurezza, grinta, determinazione, solo per citarne alcune. Ci sono stati esempi in passato in cui hai dimostrato di possedere queste doti. Mettiti in mente questa verità:

**Tutto quello di cui hai bisogno è già dentro di te.**

La formula del successo in fondo è semplice: **concentrati su ciò che vuoi davvero e l'otterrai.** La programmazione neuro linguistica non è una scienza esatta e non è neppure un insieme di tecniche taumaturgiche. La PNL è essenzialmente pratica. Funziona per definizione, perché essa è ciò che funziona. Se non funziona, non è PNL. Secondo lo stesso Bandler, la PNL è soprattutto un abito mentale, un atteggiamento d'apertura verso il mondo che è dentro e fuori di noi. Se vogliamo, è il libretto d'istruzione della nostra mente. Un atteggiamento piennellistico è quello che ci orienta alla soluzione del problema, non quello che arzigogola sul problema. Pensare positivo non vuol dire nascondere la difficoltà, sminuirla.

Di fronte ad un problema, non chiediamoci: «Perché sono così iellato?», «Perché capitano tutte a me?», «Perché non me ne va una bene?» Davanti a tutti questi reiterati perché, il mio cervello non potrà che rispondere: «Perché sei uno sfigato!» A domanda cretina risposta cretina. In una situazione negativa domandarsi il perché è deleterio per una sola ragione: **approfondisce il problema, non lo risolve.** Chiedersi i motivi del proprio stato d'animo negativo, ci fa stare peggio e, se stiamo male, dove troveremo mai il coraggio di affrontare il problema? Proviamo allora a modificare la domanda: non più perché, ma COME?

Ho un problema. Lo vedo davanti a me, in primo piano. Non faccio finta di non vederlo. Mi chiedo soltanto: «Come faccio ad affrontarlo?» Il cervello questa volta mi suggerisce una serie di risposte intelligenti: «Telefona a Stefano, può darti una mano!», «Scava nella memoria, ti è già capitato qualcosa di simile in passato», «Rilassati, la soluzione è alla tua portata».

Il "perché" riservalo alle situazioni positive. Qualcuno cui tieni particolarmente ti dice: «Sei in gamba.» Ecco, in questo caso se vuoi approfondire lo stato d'animo positivo, puoi chiedere: «Perché?» «Perché sei professionalmente straordinario», «Perché sei davvero abile nel tuo lavoro», «Perché non ho mai conosciuto nessuno come te» e via dicendo. Un bel massaggio positivo al tuo ego, non credi?

Concludo con la formula con la quale chiudevo il mio programma radio notturno *"Attenti al lupo"* su Radioradio. È insieme una certezza e un augurio che rivolgo soprattutto a te: **sei una persona molto speciale e allora fai in modo che la tua vita sia quel capolavoro che merita di essere.**